# 跟着罗蓉老师教语文

小学语文单元整体教学课堂实录

罗蓉 / 编著

吉林教育出版社

图书在版编目（CIP）数据

跟着罗蓉老师教语文：小学语文单元整体教学课堂
实录 / 罗蓉编著. — 长春：吉林教育出版社，2021.10
ISBN 978-7-5734-0165-6

Ⅰ.①跟… Ⅱ.①罗… Ⅲ.①小学语文课—课堂教学
—教学研究 Ⅳ.①G623.202

中国版本图书馆CIP数据核字（2021）第195796号

跟着罗蓉老师教语文：小学语文单元整体教学课堂实录 　　　　　罗　蓉　编著

**责任编辑**　贾　滢　　　　　　　　　　　　　　　　　　　**装帧设计**　言之凿

**出版**　吉林教育出版社（长春市同志街1991号　　　邮编　130021）
**发行**　吉林教育出版社
**印刷**　北京政采印刷服务有限公司

**开本**　787毫米×1092毫米　1/16　**印张**　14.5　　**字数**　261千字
**版次**　2022年4月第1版　　**印次**　2022年4月第1次印刷
**书号**　ISBN 978-7-5734-0165-6
**定价**　45.00元

# 目录

# 低年级拼音教学

# 第一节　单元导览

在过去的小学语文教学中，教师们更注重的是单篇课文的教学，在教学时，每一位教师对单元中的每篇课文的教学用的时间和精力都是平均的。这样的教学固然可以突出知识点，但是这种知识不是连贯的，学生获得的知识也是零散的，这不利于学生语文能力的培养。特别是进入统编版教材的教学后，教师们不难发现，单元的整体性体现得就更加明显。统编版教材的每个单元分别有精读和略读课文的安排。精读课文教方法是体现语文基础知识的主要阵地，是进行学生语文能力训练的重要依托，能起到引领整个单元学习活动的示范作用。略读课文则是用方法，学习略读课文，就是对在精读课文中学到的知识和技能的一种检验，正如陶行知先生说过的，这是由"心知其故"到"经常历练"的过程。这样就把单篇的知识要点有效地勾连在了一起。但是如果教师上课时不能准确把握每一篇课文在单元中的地位，那么教学知识点就会被割裂。所以，提到单元整体授课时，教师们就要从整体出发，采用"从单元整体入手—分课导读—再回归单元整体"三段式教法。

那么对于拼音教学来说，我们又应该怎样体现单元整体教学呢？我们就从统编版教材一年级上册第二单元的教学选取几篇有代表性的教学案例做具体分析。

统编版教材的第一个拼音单元一共安排了8节课的拼音和1个语文园地，学习内容包括6个单韵母、2个隔音字母、21个声母和10个整体认读音节，其中还穿插安排了儿歌、词语以及认读字。

根据《语文课程标准》及《教师用书》的指引，所有教师在进行教学设计时都会关注到学生的"读、记、写"。教学的主要环节也会围绕这几个方面来设计。可是这个单元中一共有8篇课文，如果每一篇的设计都是这样的模式，那么学生的学习就会产生倦怠感，教师的教也就会变得枯燥乏味。所以在教学时，当我们考虑到单元整体教学后，就要充分考虑这篇教材在这个单元中的位置，以及它所起到的作用。这个时候就需要教师们对教材的内容进行适当整合，最大限度地用好教材。

高蕊老师的《i u ü y w》一课作为本单元的第二篇拼音学习内容，相比第一课《a o e》来说，它的教学内容增加了很多，不仅有单韵母，还有隔音字母和整体认读音节。所以在本单元的教学中它就站在了一个很重要的位置上，它既是单韵母的结束，也是声母（y w 虽是隔音字母，但在教学时，不给学生做过多的强调，教法上和声母一样）和整体认读音节教学的开始。高老师在进行教学设计时充分地利用了教材进行整合。她通过韵母、声母和整体认读音节读音的不同，带领学生反复认读、练习，加深学生的记忆，做到读准音，把每一个读音落到实处。整节课围绕三个大环节——"我会读""我会认""我会写"——来完成，突显了拼音教学"读、记、写"的基本方法。

张昱老师的《b p m f》一课，严格来说，是统编版教材改版后学生接触的第一组声母。在教学设计时，张老师紧扣拼音教学"读、记、写"的基本方法，落实每一个步骤，但是相比高蕊老师的《i u ü y w》一课，如果《b p m f》这一课的教学只抓住这几个内容来进行，那么课时容量明显偏小，这时，我们就要关注到这一课在这个单元中的位置，因为它不仅仅是要教学生声母的读、记、写，还要承担拼读教学，所以在读的环节中，张老师特意加入了"b-a-ba"的拼读学习。通过这一拼读练习，体现了这一课在教学时与《i u ü y w》不同的侧重点。

马任飞老师的《g k h》一课已经是本单元的第五课，位置在中间。马老师继续集中教学声母后，把关注点放到了三拼音节上面。这就又和张昱老师的《b p m f》一课做了区别，这是在拼读上的一个进阶。

回顾这三篇教学设计，教师们除了遵循拼音教学的基本方法之外，还根据课文在单元中的教学任务，适当地调整了自己的教学设计，每一课都有自己的侧重点，体现了单元式教学的"螺旋上升"。

万琦老师的《zh ch sh r》是本单元的最后一篇课文，在课文中学生将认识最后四个声母和最后四个整体认读音节。这篇课文不仅要教授学生必要的知识，更要对前面的知识进行一个勾连。当学生学完声母"zh ch sh r"和整体认读音节"zhi chi shi ri"后，万老师灵活运用教材上的拼读练习，以"送小青蛙回家"的游戏，既考察了学生的拼读能力，更检验了学生对整体认读音节的掌握情况。这样不仅教学了本课的新知识，而且把前后知识进行了勾连，让学习的知识更加具有整体性。

在教学四篇课文时，教师们都对教材进行了深入的分析，不仅考虑教材的内容，更从单元整体教学的角度出发，在教学每一课时做到"整体感知—具体分析—总结深化"。由此可见，单元整体教学十分重视学生知识结构的学习，以及单元知识的整体性和系统性，单元知识、能力和价值观之间并不是毫无联系的，而是相互关联的。

当然，教无定法，不同单元的课文还是要根据教材的实际内容和训练目的来选择合适的教学方法，以达到最佳的教学效果。

# 第二节  课堂教学实录

## 《i u ü y w》第一课时教学实录

五华区江滨小学  高蕊

**个人简介**

高蕊，云南省罗蓉名师工作坊成员，大学本科学历，一级教师。五华区江滨小学语文教师，科研主任。五华区学科带头人、教坛新秀、青年骨干教师。2018年荣获云南省国家统编版小学语文教材课堂教学评比二等奖，云南省国家统编版教材教学设计评比一等奖，并多次荣获校级教学比赛一等奖。2017—2018年多次承担区级示范课及讲座。2018年6月代表五华区参与市级教学展示。多次参与"国培"送课计划。同时，多篇论文获得省、市奖项。教育格言：教育的艺术是使学生喜欢你所教的东西。

## 一、导入

师：孩子们，今天咱们班的课堂上来了几位老朋友，请大家大声读出他们的名字。

生：a o e。

师：今天这几位老朋友来到咱们课堂上，是要给我们介绍新朋友的。可是这几位新朋友特别调皮，他们藏在了咱们语文书22、23页的图画中。孩子们，赶快翻开你的语文书，找一找他们藏在哪儿。

生上讲台找到字母。

师：这就是我们今天要学习的拼音第二课《i u ü y w》。

点评：部编版教材设计的情景图与苏教版不一样，是整合情境图，合理运用情境图，让学生从图中找到隐藏的字母，激发了学生的兴趣，让学生对接下来的学习充满信心。妙用情境图来识记字母。拼音情境图有示音示形的特点。

## 二、趣味活动学习 i u ü

### （一）"我会读"

**1. 激发兴趣提要求**

师：小朋友们，你们想要和这些字母宝宝交朋友吗？

生：想。

师：要和他们交朋友，那么就要做到下面这几点：第一，大家要认清这些拼音宝宝的名字，而且读准音。第二，在这个过程当中，如果你声音够洪亮，那么你就可以很快地和他们交上朋友，你们有没有信心？

生：有。

**2. 借助情境图学习字母**

师：回答得真响亮，老师相信你们，我们来看一看，第一个跟老师读 i。

生：i。

师：牙齿对齐 i i i。

生：牙齿对齐 i i i。

师：好，第二个，嘴巴圆圆 u u u。

生：嘴巴圆圆 u u u。

师：最后一个把小嘴巴噘起来 ü，噘起小嘴 ü ü ü。

生：噘起小嘴 ü ü ü。

师：在读的时候，小朋友们要特别注意这两个的读音，一个是牙齿对齐 i i i，一个是把小嘴巴噘起来 ü ü ü，嘴巴圆的 u u u。你愿意当小老师，带着小朋友们读一读吗？

生：i u ü。

师：孩子们，你们知道吗？这三个字母宝宝和咱们的老朋友 a o e 都是属于韵母家族的。他们在韵母家族里面还有一个名字，那就是单韵母宝宝，所以单韵母宝宝一共有几个？

生：6个，他们是 a o e i u ü。

师：小朋友们可要牢牢记住了。好了，我们今天新认识的这三个单韵母宝宝他们还有哥哥姐姐，现在用我们的掌声请他们的哥哥姐姐来到课堂上。

这就是 i 和 u 的哥哥姐姐 y w。虽然他们这一家人有一个特点，那就是名字特别像，可是读起来又有一点点区别，所以这是考验你们听力的时候了，仔细听听，你能找到他们名字的区别在哪里吗？

师：孩子们，把小耳朵竖起来听，看看谁最会听，能找到他们的区别。i y u w，有没有发现他们的区别在哪里？

生：y w 读得快，i u 读得慢。

师：这个孩子有一双会听话的小耳朵，而且特别善于回答问题，都说到了点子上。y w 是声母，声母读得轻而短，i u ü 是韵母，韵母发音则稍长。小朋友们在读字母宝宝的名字时，首先要区分声母和韵母。

学生练读。

**点评：**这一环节的设计目的主要就是体现部编版教材的与众不同，用情景创设的方法引出 y w，然后从读音方法上教学生进行区别。

**3. 结合情境图记忆读音**

师：孩子们，刚才我们只是简单地记住了这些字母宝宝，那么我们要怎么区分他们呢？我有一个好方法，你们看我借助这件衣服的读音，我就有这样一句小儿歌：衣服衣服 i i i，通过衣服的读音帮我来记住他的名字。那么现在就要看看哪个小朋友可以开动你的小脑筋，把剩下4个字母宝宝的名字也想办法记下来，马上就有学生举手了。

生：可爱小鱼 ü ü ü。

生：屋顶屋顶 u u u。

……

**点评：**借助拼音儿歌，形象、直观地进行识记，加深学生对拼音的记忆，让学生拓宽思维的同时，能对拼音的识记产生兴趣。

**4. 学习 y w 和 i u 的拼读**

（1）过渡。

师：看到大家这么快记住了他们的名字，字母宝宝可高兴了，他决定带着咱们班小朋友乘上快乐的大巴，一起前往游乐园玩耍。好了，孩子们，坐稳了，咱们可要出发了。

（2）学习整体认读音节。

师：来到游乐园，到处人山人海，y 和 w 他俩特别负责任，生怕自己的弟弟妹妹 i 和 u 走丢了。他们两个紧紧地拉住了自己的弟弟妹妹，他们站到了一块儿，大 y 在前，小 i 在后，牵手后的两兄妹名字没有变，还读 yi，但是发音要比之前的单韵母宝宝 i 的音更长一些，跟老师一起读—— yi。

生：yi。

师：既然牵手后的 yi 读音不变，那么牵手后的 w 和 u 读什么呢？

生：wu。

**5. 整体认读音节概念的渗透**

师：大 y 和大 w 是声母哥哥姐姐，站在音节的前面；作为单韵母弟弟妹妹的小 i 和小 u 紧紧跟在他们身后，他们变成一个整体成为一个音节。这几个音节宝宝脾气古怪，他们喜欢别人一口读出他们的名字，这就是整体认读音节，整体认读音节整体读。再指名读整体认读音节 yi wu。

**点评**：在学完单韵母 i u ü 和 y w 后，教师创设情景，让学生在快乐的氛围中学习整体认读音节，因为有了前面的铺垫，所以学生学习更有兴趣，在反复的练读中体会整体认读音节的发音规则。

**6. 学习 y 和 ü 的拼读**

创设情境。

师：你们听，这是什么声音？是从哪里来的哭声啊？我们大家快来找一找。原来是 ü 悄悄躲在角落哭了起来，他没有哥哥姐姐可以带他游玩，心里难过极啦！"不怕不怕，我带你一块儿玩！"好心的大 y 走了过来，拉上 ü 走进了公园。大 y 是个好哥哥，它紧紧地拉住了 ü。它们站一块儿变成了一个整体。

（出示 y—ü→yu），好孩子们，你们发现了什么？

生：ü头上的两点不在了。

师：观察得真仔细。原来是因为热心肠的大 y 把小 ü 的眼泪擦去了呢！但小朋友们要记住，没了眼泪还是 ü，可千万不能错认成 u。通过对整体认读音节 yi wu 的学习，哪个小朋友可以想一想 yu 的名字应该怎么读呢？

生：wu。

师：这样不用拼读的音节，我们都把它们叫作"整体认读音节"。看，这就是我们今天认识的三个整体认读音节宝宝，它们也是学生进入小学以来第一个认识的音节宝宝，大家可要牢牢记住它们哦！老师有一首小儿歌可以帮我们好好地记住这几个整体认读音节宝宝。

点评：教师创设情境，让学生明白为什么小 ü 与大 y 相拼要去掉两点，这样的设计使学生学习起来比较有兴趣，而且不易产生疲惫感，让学生在轻松愉快的气氛中进行学习，符合低年级学生的年龄特点。

### （二）"我会认"

**1. 过渡**

师：有的时候，我们会发现这样的一种情况，那就是我们记住了一个人的名字，可往往不一定会记住他的样子，所以还要想个好方法，把他们的模样记下来，看，这是我们这节课学的三个单韵母宝宝，想一想，刚才有个小朋友告诉咱们，可以从形状上来记住它们。那么你现在再看一看，或者联系你生活当中的东西，你能帮我们记住这几个字母宝宝的样子吗？

生：小鱼吐泡泡 ü ü ü。

生：乌龟外壳 u u u。

……

**2. 手指操**

（1）激发学生的学习兴趣。

师：（伸出双手）这是什么？

生：手。

师：我的手可是充满了魔法，有的小朋友一脸不相信的样子，那么你们可看好了，见证奇迹的时候要到了，看看谁看得最仔细。手指手指变变变！（手指比 i 形）这是……？你是怎么认出它的呢？

生：因为头上有个小点，下面有一竖。

……

学生观察老师的手指操，猜字母。

（2）学生展开想象，自主用手指操比出字母 y w。

**点评**：2011版新课标中的教学建议是：汉语拼音教学要尽可能具有趣味性，宜多采用活动和游戏的形式，这一环节的设计就充分体现了这一特点，设置悬念，激发兴趣，让学生积极参与其中，运用"动作记忆"有效地帮助学生形象识记字母的形状，在应用时应要求学生将字母的发音和动作结合起来，关注课堂，坚持边玩边学。

**（三）"我会写"**

**1. 过渡**

师：你们真是一群聪明的孩子，现在字母宝宝们也玩累了，让我们一起把这几个字母宝宝送回家吧！

**2. 出示四线三格**

略。

**3. 教学生正确书写 i u ü y w**

（1）翻开书23页，仔细观察看看 i u ü y w 住在哪里？

（2）指名学生反馈观察结果。

（3）师先范写，生再抬手书空。

（4）完成学习单，描一个，写一个。

（5）反馈。

**点评**：复习四线格的方法，也运用了儿歌，目的在于强调四线三格的作用。正确的书写方式是培养学生良好的书写习惯的重要途径。

## 三、总结

师：这节课，我们班小朋友的收获可真多呀！下节课，我们再一起去和字母宝宝做游戏吧！我们下节课见。

## 💬 伙伴的话

　　五华区江滨小学高蕊老师执教统编版一年级上册的拼音课《i u ü y w》采用"我会读""我会认""我会写"三大教学环节，层层深入。整堂课有故事、儿歌、魔法……充满了趣味，枯燥的拼音教学在高老师的课堂上变得生动有趣，学生有所获、学得扎实且激发了学生的学习兴趣，为接下来的拼音教学开启了兴趣之门。

## 👤 罗老师的话

　　高蕊老师的课紧扣《语文课程标准》中对于汉语拼音教学的要求，从"我会读""我会认""我会写"三个板块使学生记住字母读音，层次分明，重点突出。整节课抓住一年级学生的特点，以趣为先，以读为主。所以我充分引导学生自主观察情境图，在图画中自主发现拼音的音、形元素，以帮助学习，在此基础上，让学生自己编儿歌，记住拼音的同时，让学生小有成就感，激发学生的学习兴趣。同时我还通过故事、游戏等学生喜闻乐见的教学方法千方百计地调动学生的学习兴趣。在教学中，我以故事整体贯穿，将教学内容渗透到故事情节之中，激发学生的学习兴趣。同时，高老师善于整合教材，从读音入手，把隔音字母、单韵母和整体认读音节的读音做区别，既具有教学的整体性，又合理地运用了教材。

# 《b p m f》课堂实录及点评

云波小学　张昱

**个人简介**

　　张昱，现任云波小学德育主任、语文教师。曾被评为昆明市教坛新秀、盘龙区教坛新秀、盘龙区学科带头人。论文《浅谈小学语文教学中传统文化的传承》荣获中国语文现代化学会评比二等奖；先后有11篇论文分别在《云南教育成果》系列活动中获得一、二奖；《李时珍夜宿古诗》等5个教学设计分别获得省市区一、二等奖；微课《直述句改为转述句》《云朵面包》分别获得市区二、三等奖。

## 一、游戏导入，激发兴趣

### 1. 看图引入新课

今天，我们继续在拼音王国里畅游。

师：（小明和爸爸正在爬山坡。爸爸背着一个大背包，手里拄着一根拐杖。小明手里拿着的收音机正在播放美妙的音乐，山下有两个小朋友在门洞里做游戏。）

### 2. 图中就藏着我们今天要学的四个拼音字母

略。

**点评：** 借助情境图，进入拼音教学。充分利用好教材。

## 二、结合情境，学习 b p m f

### （一）学习声母 b

**1. 读准音**

（1）听收音机的音乐，识记声母 b，示范发 b 的音，边读边讲清怎样发音。

师：听，小明的收音机里正在播放美妙的音乐。出示声母卡片 b，我们今天要学的 b 和"播放"的"播"的发音是差不多的，不过它是声母，发音的时候要读得轻一些、短一些。

仔细看老师的口型：双唇紧闭，然后突然张开，送气，b，读时要轻而短。

（2）学生观察、模仿，体会发音要领。

生：b。

（3）模仿跟读，出示图片。

师：我们可以这样记：播放，播放，b b b；你还会说什么，什么，b b b？

生：（广播，广播，b b b；菠菜，菠菜，b b b……）

（4）出示图画，引导学生观察图中的小明和爸爸正在干什么。

师：小明和爸爸在干什么？

生：他们在爬山坡。

（5）出示声母卡片 p，示范 p 的发音。

师：上坡的"坡"读得轻一些，就是我们今天要学的声母 p 的音。听老师读，你们认真看口型，先双唇紧闭，突然张开，送出很强的一口气，p。

（6）学生领读、分男女生读，体会读时，要往外送气，气流较强。

师：自己试试。开小火车。注意：要往外送气，气流较强。

生：p。

（7）模仿跟读。

生：山坡，山坡，p p p；泼水，泼水，p p p……

**2. 对比读 b p**

师：b p 长得很像，你能说说它们有什么不同吗？

生：发音不同。

老师将一张白纸放在嘴前，读 b 时，白纸不动，读 p 时，气流吹动白纸。

师：请同学们口对着手心试读，体会送气和不送气的不同。

生：b p。

**3. 同桌两个人，相互正音**

略。

**（二）迁移学习，模仿认读声母 m 和 f**

师：接下来我们要认识的 m 和 f 就藏在图中，谁能把它们找出来。

生：两个门洞就是 m，一根拐杖就是 f。

**1. 读准 m**

请生来教，注意：读得轻而短。

**2. 读准 f**

（1）请生来教。

师：注意上牙齿碰到下嘴唇，读得轻而短。

（2）同桌相互读，并纠正。

**3. 复习上一课的整体认读音节，整体音节整体读**

略。

**4. 教学两拼音节的拼读方法**

师：上节课，我们学了两拼音节，请已经有学习经验的同学起来试读。

生：b-a-ba。

边纠正边示范拼，再用字母卡片演示两音相碰的过程，b-a-ba，声母站前，韵母站后，拼读。

（1）小结方法：前音轻短后音重，两音相连猛一碰。

（2）练读：手指套（右大拇指 b）（左手大拇指 a），指名读，开火车读。

**5. 练读两拼音节 ba 的四声**

（1）出示课文中的四幅图，引导观察。

师：韵母 a 戴上了魔术帽——声调帽子，你还能摘下它们神秘的面纱吗?

（2）学生交流，看图练习拼读。

（3）玩"找朋友"拼读游戏。

一名学生拿 b 的卡片，另外四名学生各拿 a 的四声，迅速组成四个音节，带领大家读。

**6. 游戏：小猴过河**

师：字母宝宝来到森林遇到小猴请求帮忙过河，你能帮帮它吗？

生：能。

师：只要你读对了，它就能慢慢过河。

师：你们可真厉害。

**7. 读儿歌**

师：先听老师读，你们跟读。

## 三、记住形

**1. 记住形**

师：刚刚帮助小猴过河的四个声母宝宝你记住它们的样子了吗？老师记住了 m 像门洞，你记住了哪一个声母，教教我们认识它，记住它。

**2. 师用道具摆一个**

师：你还有什么办法能摆出什么呢？合作摆（手指、身体）。

师：请你帮我摆个（　　）。

师：老师帮你摆个（道具）b，谁来帮我摆（p m f）？

**点评**：结合情境图认识形，读准音，用多种活动感受形，识记形，自创小口诀记住音形，在学生已掌握知识的基础上，纠正读音。充分发挥学生的自主能动性。结合上节课所学，做到了知识之间、单元之间的衔接。

## 四、会写

师：声母宝宝和我们一起玩游戏，现在它们有些累了，想要回家。

师：观察四线三格。

师：b p 的肚子都在哪一格。

师：m f 在哪一格。

师：现在谁能把它们准确安全地送回家？（第二次把道具摆进四线三格）你能说说它是几笔写成的吗？

**1. 边讲解边范写**

师：b 是两笔写成，占上格和中格。注意：第一笔竖不能碰到第一条线，右下半圆要写饱满。p 是两笔写成，占中格和下格。注意：第一笔竖不能碰到第四条线，右上半圆要写饱满。m 是三笔写成，占中格，注意：左右两边一样大，占满格。f 是两笔写成，占上格和中格。注意：第一笔是右弯竖，且横比较短。

**2. 课中手指操**

师：学了那么长时间，小指头一起活动活动吧。

**3. 纠正握笔姿势、坐姿（出示图片）**

师：我看看哪个小朋友模仿得最像，写字是一件很神圣的事情，我们一定要认真对待，头正身直脚放平。

**4. 描红、展示**

师：描红不漏红，你写得很饱满。同桌交换，帮助同桌把字母宝宝变得更漂亮。

**点评：**关注书写姿势、握笔姿势，结合一年级学生的特点而插入的手指操，训练手腕、手指力量。采用师评、生生互评的形式检查书写。

💬 **自己的话**

课堂上创设了扎实有趣的课堂环节，带领学生边读边练，动手摆出拼音字形，利用色彩提示，规范笔顺。引导学生趣味学习、自主学习，有体验感地学习。教给了学生们学习拼音的基本方法，关注书写的细节，不断渗透学习习惯的教育。

💬 **伙伴的话**

张老师的课堂利用情境图来导入，对于这样的方法，学生的学习兴趣浓厚，随后出示情境图引出四个声母。因为有个别学生将 b 和 p 混淆了，于是，张老师用各种方法让学生去区别 b 和 p，比如将拼音部件拼凑起来，再摆放进四线三格里，还有利用道具记字形，学生们兴趣极高，积极性也调动起来了。这样一来，学生们掌握得都还不错。

**罗老师的话**

　　张昱老师的课堂借助情境图激趣导入，拉近了拼音字母与学生之间的距离。本堂课由三大板块组成：读准、识记、书写。整节课巧搭支架，有效地突破重难点，生动有趣，不同形式的活动穿插其中，让学生自主体验，感受自主学习的乐趣，充分发挥了学生的自主能动性。同时，对于低段学生来说，教师应注重对学生学习习惯的培养，注重细节。

# 《g k h》第一课时教学实录

盘龙区东庄小学　马任飞

**个人简介**

　　马任飞，二级教师，毕业于云南大学汉语言文学专业，任教于盘龙区东庄小学。多次获省级教育教学论文奖项和校级教研课一、二等奖，主持区级课题。教育理想：我们教育孩子，不管用培养也好，陪伴也罢，其实都是一个生命与另一个生命相互影响的过程。我们可以把知识给予他们，和他们交流想法，却不能主导他们的思想，因为他们有自己的思想。

## 一、复习导入

师：同学们，来跟你们的老朋友打声招呼吧！它们是——

生：a o e i u ü b p m f d t n l y w。

师：这些字母住在不同的房间里，谁能把它们送到它们自己的房间？

生：回答区分声母、韵母。

师：这间声母屋子里还空了三张床，还有谁呢？

**点评**：通过"送字母回家"的小游戏复习原来学过的声母、韵母，引出今天要学习的 g k h。

## 二、学习声母

### 1. 通过情境图找到声母

师：这三名新成员很调皮，它们躲在插图里。谁能找到它们？请把声母卡片贴在对应的图下。谁来贴一贴？

学生上前贴声母。

**2. 利用情境图说字母字形**

师：谁知道这位同学为什么这样贴？

生：因为凳子很像 h；k 有些像小蝌蚪在海草中游泳；g 有点像鸽子衔着的花环。

**3. 学习本课第一个字母：g**

师：鸽子的拼音中用到了我们今天要学的 g。

师：跟老师读，g。谁来当小教师教读，全班跟读。

生：g。

师：我们还在哪里听到过它呢？

生：唱歌的"歌"里边也有 g。

师：同学们真善于发现啊，找到了那么多的 g。

**4. 学习本课第二个字母：k**

师：看！小蝌蚪在水草中游来游去，多有意思呀。小蝌蚪中就藏着我们今天要学习的字母 k。

师：k 有个小秘密，需要你们的右手来配合。抬起你的右手，手心贴近嘴巴，我们一起读——k。手掌心有什么感觉？

生：感觉有很多气出来。

师：如果你觉得手心麻麻的，有热气呼在你手上，就证明你读对了。

师：把手轻轻地贴近你同桌的嘴巴，让他读 k，你感受到有气呼在你手上了吗？

学生尝试。

师：老师用这些声母编成了儿歌，我们带上动作和节奏来读读吧！谁能像刚才老师一样带着大家读一读？

学生跟读。

**5. 学习本课第三个字母：h**

师：刚才的都会读了，我们来挑战下一个吧！

师：河水的"河"、我和你的"和"、笑呵呵的"呵"都有我们今天要认识的字母 h。

师：谁来大声读读它？如果他读对了，全班跟读。

生：h。

师：谁能编成儿歌，让大家记住它？

生：小妹妹喝果汁hhh。

生：我要喝水hhh。

……

师：真是一个会编儿歌记拼音的好孩子，找到了学习拼音的方法！看看老师编的儿歌，我们来读一读吧。

**点评**：将文中的插图变静为动，拉近了学生与拼音学习的距离，为课堂营造了一种和谐、宽松、愉快的气氛。

## 三、写字母

**1. 将字母正确摆放到四线三格里**

师：太阳落山了，声母宝宝该回家了。它们的家就在四线三格里。谁能把它们送回自己的家？不要放错地方哦！不能放到屋顶，会着凉的；也不能放在地上，地上不舒服。该放在哪儿呢？

学生摆放。

**2. 教学写声母g k h。师范写，生描红**

师：g像一个小钩子，左半圆呀圆又圆，快把中格占满边，小竖要往左弯起，不能落地摔成泥。

师：k像一挺机关枪，枪杆笔直站在上，左斜右斜放肚子，两笔就成一杆枪。

师：h像倒立小酒杯，装满美酒hhh。一竖不能顶着天，左弯竖呀不能肥，否则就该减减肥。

**3. 学生作业展示**

略。

**点评**：根据学生的年龄特点，教师以游戏和儿歌的方式让学生识记字母在四线三格里的位置及写法，既可以激发学生的书写兴趣，又可以提高学生的自主学习能力，使学生爱写拼音，乐写拼音。

## 四、学习三拼音节

师：还记得它们吗？因为一点小矛盾，g 和 a 吵架了，它们的好朋友小 u 来帮忙劝和。

师：在劝架的时候，小 u 就叫作"介母"，是一个联通 g 和 a 的中介。在读介母的时候要快，u。

师：三人和好了，g、u 拉起 a 的手，三人合起来读作——gua。

师：一个声母、一个介母和一个韵母手牵手在一起，就叫作"三拼音节"。

师：读三拼音节有个窍门：三拼音，有介母，舌头好像在跳舞。声母轻，介母快，韵母不能放在外。丢了介母闹笑话，西瓜变成西嘎。

我们再来读一读！

师范读，全班齐读，指名读，同桌读。

师：刚才老师带着你们读了三拼音节，现在谁能读一读这个音节？

师：生读的时候，师提醒：三拼音，有介母，舌头好像在跳舞。声母轻，介母快，韵母不能放在外。丢了介母闹笑话，画画变成了哈哈。

师：出示：kua，谁来读一读？

生拼读，师相机纠正读音。开火车读，全班齐读。

师：看来三拼音节难不倒大家了！

师：那现在老师就来考考大家，抢答游戏开始——

课件出示：guo huo。

**点评**：通过情境创设，让枯燥的知识趣味化、抽象的知识形象化，寓教于乐，使学生初步掌握了三拼音节的拼读方法，为下一步学习汉语拼音奠定了基础。

## 五、总结

师：这节课学到这里，同学们不仅把 g k h 送回了家，还学到了三拼音节，下节课我们就能使用这些拼音来读儿歌了，这节课就到这里，下课！

## 伙伴的话

马老师在备这节课时，想使一年级的学生快快乐乐地学会拼音，于是她想了以下方法来激发学生的学习兴趣：

（1）利用情境图。例如，利用鸽子、蝌蚪、喝水等的图片来引导孩子找到字母。

（2）编儿歌。例如，在教学写声母时，利用"g像一个小钩子，左半圆呀圆又圆，快把中格占满边，小竖要往左弯起，不能落地摔成泥"等儿歌来激发学生的学习兴趣，从而达到边读儿歌边记忆字形的目的。既可以激发学生的书写兴趣，又可以提高学生的自主学习能力，使学生爱写拼音，乐写拼音。

## 罗老师的话

部编版教材与原教材最大的不同就是把全面提高学生语文综合素养定为语文学科的目标，具有实践性强、内容丰富、形式活泼、培养能力、引导创新、促进发展等一系列综合性特点。比如，拼音部分就很注重综合性，它给了教师拓展教学的空间，也给了学生创造学习的空间。

汉字拼音是学习汉字的重要工具。传统的拼音教学，学生机械地记，枯燥地读，教师的指导仅仅体现在领读上。马老师这节课的特点就是利用儿歌来辅助教学。

另外，马老师考虑到这是拼音单元的第五课，前面已经学过两拼音节了，现在提高难度，借助图片、板贴和多媒体课件引出三拼音节，再通过情境创设使学生了解三拼音节的各部分名称，明确三拼音节的读法。这样做，既调动了学生的学习积极性，又提高了学生的语言表达能力。

上课的目的就是让学生学得投入，学得扎实，学得快乐！

# 《zh ch sh r》第一课时教学实录

经济技术开发区第五小学　万琦

## 个人简介

**万琦**，云南省罗蓉名师工作坊成员，昆明经济技术开发区第五小学教师。小学高级教师，昆明市第九届语文学科带头人，经济开发区首届骨干教师，经济开发区先进教育工作者，云南省中青年画家协会会员。荣获第七届全国语文教师说课大赛特等奖、经济开发区教学比赛语文组一等奖，教学比赛及演讲比赛多次获奖。所写论文国家级、省级、区级均有获奖，并在国家级、省级刊物发表论文三篇。教育格言：悉心发掘孩子优点，耐心呵护孩子成长，用心培育孩子成才。

## 一、创设情境，温故知新

师：亲爱的小朋友，你们在拼音乐园里认识这几位朋友吗？

（课件出示 z c s）生自由读。

师小结：这几个字母的发音又轻又短，它们有一个共同的名字，叫作"平舌音"。z c s 都有一个双胞胎姐妹，长得相似，读音相同，它们是 zi ci si，它们能直接给汉字注音，我们将它叫作"整体认读音节"。我请一位小朋友读一读，生读：zi ci si，师：这位同学把整体认读音节读得又长又像。

全班齐读。

师：拼音小火车将带我们继续畅游拼音乐园，认识更多的拼音朋友，我们出发吧。

点评：从复习上节课的内容引出平舌音和整体认读音节的概念，为下文进行翘舌音教学做铺垫。

## 二、图画情境，学习音形

方法：看情境图，引导学生编口诀记忆。

**1. 看图，初步感知声母 zh ch sh**

师：小火车把我们送到拼音学校，刚好课间休息，请大家仔细看图说一说小动物们都在干什么？

（课件出示情境图——34页课文插图）师生交流，学生看到什么情境，教师随机出示相应的图片学习。

生：我看见小猴子坐在椅子上织毛衣，小蜘蛛在它身后的凳子上织网。

师：这位同学观察得非常仔细，表述也很完整。

师：你们还看到了什么？

生1：我看到了小刺猬躲在椅子后面吃果子。

生2：小狮子也躲在椅子后面。

生3：我还看到一只长颈鹿正在擦黑板。

师：除了小动物们，你们看，一轮红日正在从东边升起，小树苗也在阳光的照耀下茁壮成长，课间十分钟，森林学校一片生机。在这张图片中还藏着我们之前学过的声母 z c s，你们找到它们了吗？原来它们在这儿呢。今天我们要学的声母 zh ch sh 就和它们有密切的联系，请你们也在图里找一找，圈一圈吧。

**2. 编口诀，学习声母 zh ch sh 的发音**

师：我们一起看 z 加椅子 zh zh zh，你们有什么好方法能记住 zh 的发音呢？

生1：老师，我发现织毛衣的"织"和声母 zh 的发音很像，我们可以说织毛衣 zh zh zh。

生2：我觉得蜘蛛的"蜘"和织网的"织"和声母 zh 的发音很像，可以这样记：蜘蛛织网 zh zh zh。

师：这两位同学能从图中找到学习 zh 的发音的好方法，非常好。

师：我们再看 c 加椅子 ch ch ch，同样的方式，你能说说我们怎样才可以记住 ch 的发音吗？

生：刺猬吃果子的"吃"和 ch 的发音很像，可以说吃果子 ch ch ch。

生齐读：吃果子 ch ch ch。

师：我们再看 s 加椅子 sh sh sh，你又怎么记住它呢？

生：老师，我知道椅子后面有一只小狮子，可以说小狮子 sh sh sh。

生齐读：小狮子 sh sh sh。

师：那椅子是什么字母呢？

生：h。

师：对，就是我们前面学过的声母 h，zh ch sh 就是我们学过的声母 z c s 加上声母 h 组成的。

师：那 r 又藏在哪里呢？

师：它藏在草地里，小苗发芽 r r r，长颈鹿作为值日生正在做值日，做值日的"日"和 r 的发音很像，我们可以说做值日 r r r，黑板上有"日"出两个字，我们可以说日出日出 r r r，天边还有一轮红日，我们还可以说一轮红日 r r r。

师：我们今天学的 zh ch sh 和 z c s 的发音不一样，它们有什么区别呢？发 z c s 的读音时，舌尖平平的（师比手势）；发 zh ch sh r 的读音时，舌尖要向上翘起（师比手势）。

学生齐读。

师：发 z c s 的读音时，舌尖是向前平伸的，我们叫它平舌音；发 zh ch sh r 的读音时，舌尖要向上翘起，我们叫它翘舌音。

**游戏：把声母送回家**

z c s 　　　　 zh ch sh r

平舌音 　　　　 翘舌音

准备生字卡片和小房子图形，生上台将字母卡片进行相应的归类。

师：我们一边和它们再见，一边送它们回家（学生读完单词卡上面的音节后，粘贴到对应的小房子里）。

**3. 学方法，规范书写声母**

师：我们不仅要会拼读，还要会书写。

（1）仔细观察，zh ch sh r 有什么特点？书写时要注意什么？

通过观察发现，zh ch sh 都是三笔写成，占中格和上格。书写时要注意：两个字母都要写得窄一些，写时要靠拢。

（2）师范写，生书空"r"。

（3）作业单第一题，描一个，写一个。

过渡：小火车离开了拼音课堂，带咱们来到了儿童乐园。我们一起做游戏。

## 三、游戏情境，练习拼读

### （一）拼音木马，练习双拼音节

1. zhā chá shǎ

指名学生读。

师：原来，这是 zh ch sh 和韵母 a 相拼的音节，大家拼读时都认准了音节的音调，发音十分准确。

2. zhè chě shé rè

师：zh ch sh r 和韵母 e 在一起，这位同学做到了双拼音节前音轻短后音重，拼读十分标准。

3. zhù chū shù rǔ

师：大家都拼对了。

### （二）拼音套圈，拼音滑梯，练习巩固三拼音节

1. zhuǎ chuā shuā

师：注意拼读时要注意：声轻介快韵母响。

2. ruo shuo chuo zhuo

指名带读。

### （三）参观动物园，学习拼读词语

准确读出音节，再与对应的图片连起来。

拼一拼，连一连，拼音连图片。

**点评**：创设有趣的游戏情境，可使学生轻松愉快地掌握、巩固知识，而且通过共同参与游戏，可以培养学生互助互爱、互相促进、共同提高的良好品德，也可以提高学生的学习兴趣，从而获得认知与情感的全面发展。

## 四、小结

师：音节的作用可大了！我们可以利用音节认字，还可以借助汉语拼音读书读报呢！咱们的火车也到终点站了，小朋友们，咱们下一趟列车再见。

### 🗨 伙伴的话

　　万琦老师的课采用童话故事进行情境教学，打造了灵动的课堂。教师巧妙的教学设计让学生在游戏中学习，在活动中感受，学生通过自己的观察、摸索、实践，在互动中获得新知，整个课堂有趣、真实、高效。并且在教学时注意和前面课文之间的紧密联系，既有新授，又有复习。

### 👤 罗老师的话

　　万琦老师的课参考了"汉语拼音教学要尽可能有趣味性，宜采用活动和游戏的形式"的课标教学建议。首先，创设了乘小火车遨游拼音乐园的情境，并贯穿本节课始末，让学生在情境中愉快学习。其次，本节课用三个游戏进行拼音教学，分别指向三个教学问题：平翘舌音的区分与巩固、翘舌音为声母的双拼音节拼读、翘舌音为声母的三拼音节拼读。这样有梯度的设计让学生在游戏中巩固知识，凸显了拼音教学的活动性与趣味性。

# 低年级识字教学

# 第一节 单元导览

二年级上册第二单元是识字单元，并且是本册教材中唯一的识字单元，以"场景""树木""动物""农事"为主题编排了《场景歌》《树之歌》《拍手歌》《田家四季歌》4篇课文和1个语文园地两个板块。课文内容的编排贴近儿童生活，以学生喜闻乐见的歌谣形式呈现：儿歌、拍手歌和时序歌，形式活泼多样，读起来朗朗上口，同时文中都配有精美的插图，图文并茂，更能吸引学生。

## 一、单元整体解析

本单元的识字重在引导学生发现汉字的规律，运用形声字形旁表义、声旁表音的特点归类识字。特别注意借助已有经验和联系生活实际进行学习，对课文内容的教学不必作深入的理解与分析。

作为集中识字单元，在指导学生认识55个生字、读准2个多音字、会写40个字、会写28个词语时，要注重引导学生在不同的语境中识字学词，借助数量词识字、归类识字等方式来指导学生认识生字。在朗读指导中，针对儿歌的特点，运用拍手打节奏、划分长句节奏等方法指导学生读出节奏感和音韵美。

## 二、识字课文文本解读

《场景歌》把意义相连、语义相关描述物体的数量词分类集中在4个不同的场景中，以歌谣的形式呈现，勾勒出一幅幅清新生动的风景画，画面中出现的事物是不同地域学生出游时可以看到的场景，让学生学会更精准地表达。

《树之歌》分别从样子、颜色、习性、价值等方面概括出不同树木的特点，使学生懂得不同季节的大自然变化，感悟美好自然，并拓展了相关简单易懂的谚语。在学习中让学生认识杨树等树木的不同特点，在识字中引导学生发现并掌握形声字的识字规律。

《拍手歌》以儿童熟悉的"拍手游戏"为活动形式，串联起8种动物的生活场景。（每节字数相同，每句的前半句结构相同，后半句都是说动物的特点，在识字的同时了解一些动物的特点，产生保护动物的认知和热爱大自然的情怀。）拍手歌的形式更激活了学生的创新思维，让学生喜爱读、背课文，并尝试创编。

《田家四季歌》是一首儿歌，按照春夏秋冬的顺序，描绘了农民一年的农事活动，让学生了解到不同季节不同农作物的生长过程，感悟四季轮回。赞美了农家人的辛勤劳动，表现了他们收获的喜悦。通过课文的学习，学生既可以了解农作物的生长和农事活动常识，又能感受辛勤劳动带来的愉悦。儿歌语言文白相间，读来别有一番韵味。

## 三、单元整体教学梳理

单元整体教学以"归类识字"为主题，围绕"归类识字"，注重在场景中识字、运用，把识字教学与课后练习、拓展知识整合与重组，使各部分内容联系在一起。

### 1. 关注低段的识字系列

识字教学的体系在低学段是一个螺旋上升的层级式学习体系，不论哪一册教材，都重视在情境中识字，这样才能激发学生对祖国语言文字的热爱。一上通过对象形字、会意字、形声字的认识，使学生感受汉语的音韵特点，了解汉字的基本构字规律；一下要求学生能够自主、主动地识字，进一步了解形声字的构字规律；二上要求学生在已有能力的基础上自主识字、自主阅读相关文本；二下通过识字写字，发现偏旁之间的关联。本单元既为一年级的学习进行了一个综合的运用，又为以后二下的识字学习搭建了阶梯。所以，本单元的教学重在培养学生自主识字、写字和自主阅读的能力。

### 2. 选择识字方法，培养识字能力

4篇课文的识字可用的方法有很多，归类识字、比较识字、图文结合识字等都能较好地引导学生进行学习。我们以"识字方法的选择与进阶"学习主线

进行设计，注重自主识字能力的初步培养。通过《场景歌》中的舟字旁，了解"舰"和"艘"的不同，并拓展识记；《树之歌》围绕木字旁，把"梧、桐、枫"等8个生字运用部首归类学习，了解不同树种的特点；《拍手歌》中通过与鸟有关的生字，引出隹字边的字，联系前一课，进一步强化归类法识记生字；《田家四季歌》在农事认识中运用多种方法综合识字，引导学生借助生活中的事物来识记生字的规律。多种学习活动的创建让学生了解部首的含义，运用不同的方法，借助事物识字掌握要求认识的字。识字的同时也要注重写字的指导，归类写字是让学生在学习的同时，也能学会运用，找到几个字的共同特点，重点教一个字，用这样的方法去学习其他字，有趣又能够培养能力。

**3. 重视朗读，激发自主阅读兴趣**

朗读、背诵是本单元学习的重点，由于朗读要读出韵味，因此可以把识字与朗读充分结合，字不离词、词不离句，在语境中学习生字，在识字中进行朗读、背诵，二者融为一体。在学习中，可注重自主阅读，并积极训练语言的运用，这样就让教学更加丰富，也让课堂更加生动。《场景歌》里围绕量词展开引导多与少、大与小的区别；《拍手歌》里，通过对比学习，产生归类：鸟类、猛兽等，由一只大雁到雁群就有一个知识的关联与进阶；《树之歌》里围绕"梧桐树叶像手掌""枫树秋天叶儿红"，引导学生仿说其他树木；《田家四季歌》中图文对照，引导学生由"你从儿歌里看到了什么？"的说话练习到读文中句子等一系列设计让学生乐于阅读，在阅读中不仅初步培养了学生的表达能力，还在潜移默化中促进了学生自主阅读能力的养成。

# 第二节　课堂教学实录

## 《树之歌》第一课时教学实录

西山区棕树营小学　范云珠

**个人简介**

范云珠，云南省罗蓉名师工作坊成员，任教于昆明市西山区棕树营小学，西山区学科带头人。教学设计和课堂教学在省级评选中获一、二等奖，教育教学论文分别在国家、省、市各级的评选中获一、二等奖。先后参与了市级课题和国家级课题的研究工作。多次送教到楚雄、寻甸、晋宁等地，受邀担任云南师大、景东、腾冲、海南和山西"国培计划"的主讲教师，担任"2020年度云南省教育教学信息化交流展示评比活动"的评委，担任西山区和墨江县的小学语文教材培训主讲教师。

## 一、设置情境，引入新课

师：春天到了，大家都外出寻找春天。因为来的游人太多了，所以植物园的公园管理处就想招聘一批小导游，今天他们来到了我们的课堂，想要招聘一批树木讲解员。测试的内容就是识字的第二课，请大家一起读课题。

（伙伴点评：范老师从学生的生活实际入手，以"招聘小导游"的形式自然地引入课题，同时激发了学生的学习欲望。）

生：树之歌。

师："之"是一个古文字，是的意思，你能说说"树之歌"是什么意思吗？

生：是描写大树的歌。

生：是描写各种各样的树的歌。

点评：儿童的世界是多彩的，情境的创设贴近学生生活，更能唤起学生对生活场景的认知；课题的理解便于学生整体把握学习的内容，容易激发学生的学习兴趣。

## 二、初读课文，整体感知

师：了解了课题，招聘就要开始了。要想进行讲解，了解内容很重要，请大家借助拼音自己读课文，要求看清字，读准音。

师：孩子们，这首儿歌有8行，我请8个同学来读，读的同学要求读准音，听的同学要听清他读对了没有，如果没读对，请为他指出来。

师：读书就要像这样读得自然、读得流利，我们全班一起来读一遍。

（伙伴点评：范老师从学生的生活实际入手，以"招聘小导游"的形式自然地引入课题，同时激发了学生的学习欲望。）

师：课堂上最好听的声音就是大家的读书声。这篇课文为我们介绍了哪些大树？请大家再读课文，圈出大树的名字，要求不动嘴巴不出声，眼睛看到哪里，心里就读到哪里。

（伙伴点评：在这个环节，已是对课文的第二次朗读，从第一次读准字音开始，到现在带着要求去朗读，层层递进，有助于学生进一步读准词句、体会文本。）

生：这篇课文写了杨树、榕树、梧桐树、枫树、木棉、桦树、银杏、水杉、金桂。

生：还有柏树没有讲。

师：松柏其实是两种树木，请看图片，因为松柏有耐寒、坚韧不拔的特点，所以常常将两种树木连在一起。我们一起读读它们的名字。

生：松树、柏树。

师：请这个小组来开火车带着大家读一读这些词语，如果他们读对了，大家就跟着读，如果读错了，请帮他们指出来。

师：字音读得真准。仔细观察第一行和第二行，你发现这些词语有什么特点？

生：它们每个都是木字旁的。

生：它们都是树木的名称。

师：真会观察，带有木字旁的字大多和树木有关。词语读好了。相信再一次读课文的时候应该会更好听。这首儿歌一共有4句话，每组读一句话，要求读得流畅，读得好听，其他组同学听的时候要认真，读到哪里，眼睛就看到哪里。

（伙伴点评：从刚才的"眼睛看到哪里，心里就读到哪里"到现在的"读到哪里，眼睛就看到哪里"，简短明确的要求体现了范老师在培养学生朗读和倾听上是非常具有目的性的。）

点评：此环节通过不同形式的多次读文，复现生字、练读字音，同时进行初步的归纳，认识到带有木字旁的字大多和树木有关。为进一步学习做好铺垫，多次朗读逐步达到正确朗读课文的教学目标。

## 三、分句学习，认知识字

师：你们真会学习。请仔细看第一、二句，通过图文结合对照，你们能来找一找每一幅图是什么树吗？

生：第二组是松柏。

生：我觉得应该是榕树，因为榕树壮。

师：是的，你表述得特别准确，我们就像这样根据课文来找图，表达的时候要说清楚理由。

生：这个是枫树，因为它的叶子是红色的。

生：我认识这个是杨树，因为它很高。

……

师：杨树、榕树和梧桐树在课文中是怎么介绍的？

生：杨树高，榕树壮，梧桐树叶像手掌。

师：白杨树的树皮是灰白色的，生存能力极强，一般高15～30米，比我们的教学楼高多了。白杨树给你留下了什么样的印象？

生：高大的杨树。

生：笔直的杨树。

师：能看图说出树的特点，真了不起。"杨"是我们要学的生字，你能给它组个词吗？

生：杨柳。

生：杨桃。

师：长杨桃的树叫杨桃树。

生：白杨。

师：都是和树木有关的，你要怎样记住"杨"字？

生：我用换偏旁的方法记住"杨"字，操场的"场"的提土旁换成木字旁就是"杨"。

师：那么你能从偏旁上想想，为什么它们偏旁不一样？木字旁的"杨"表示什么？你觉得"场"又表示什么？

（伙伴点评：用形近字的方法对比记住"杨"和"场"，落实本课目标，多种方式识字认字。）

生：木字旁的"杨"表示它是一种树——杨树，然后提土旁是"场"，因为场地上是有土的。

师：我们从刚才这个同学说的话就能感受到"杨"和什么有关？

生：与树有关。

师：如果一个字的部件和另外一个相同，但偏旁不同，那我们可以根据什么来理解这个字？

生：偏旁。

师：我们的祖先很厉害，在造字的时候已经想到了字形相似的字如何区分。与高大的杨树不同，榕树给你留下了什么印象？

生：榕树就像一把大伞一样。

生：树干很粗。

师：云南有很多地方都有榕树，而榕树最大的特点就是气根外露，榕树很大，遮天蔽日，最大的榕树王树下可容千人乘凉，人们也称其为"独木成林"。这样大的榕树课文中是怎么说的？

（伙伴点评：学习过程中联系生活，让学生通过"独木成林"直观深刻地记住了榕树的特点。）

生：榕树壮。

师："壮"的本意就力大、强壮，"壮"从士，有男子已经可以参加建筑劳动，会长大成人之意。请你给"壮"字组一个词。

生：强壮。

生：壮观。

师：三四十岁的男子表示"壮年"，身体结实可以用"壮实"来表示，豪壮而勇敢的人称为"壮士"，声势强大可以说"雄壮"，我们听到的国歌就可以说"雄壮的国歌"，看到美丽的祖国河山可以说"壮丽"。

师：刚才我们认识了杨树和榕树。现在来看看这是什么树？

生：梧桐树。

师：这种树和其他两种树有什么区别？刚才说的。

生：虽然它和枫树非常像，但是梧桐树。

生：它没有杨树那么高，也没有榕树那么壮。

师：是的，那么这篇课文里边在介绍的时候，介绍了梧桐树的什么？

生：叶子。

师：课文里边是介绍了叶子，一起来读一读这句话。

生：梧桐树叶像手掌。

师：你能想想其他树叶像什么吗？

生：银杏树叶像扇子。

师：观察得真仔细，你来说。

生：柳树叶子像……

师：好，老师提醒一下柳树的叶子是扁扁的、窄窄的这种，我们可以说它像小船。

师：梧桐树有很多个品种，这种开紫色花的梧桐树叫"泡桐"，一起来读这个词。注意"泡"是一声。

生：泡桐。

师：课文是这样来介绍梧桐树的……

生：梧桐树叶像手掌。

师：伸出你的小手掌，看一看梧桐叶像不像手掌。

师：再来读一读这篇文章的这句话，再看一看第一句话是通过什么来写这些大树的?

  生:通过大树的特点。

  师:哪方面的特点?

  生:形状特点。

  师:讲解员第一次考核,谁能上来看着图为大家介绍这三种树?

  生:杨树高,榕树壮,梧桐树叶像手掌。

  师:带上表情和动作会更好。

  师:全班像他们一样带上表情和动作一起介绍。

  师:第一句话是通过大树形状来介绍的,那第二句话介绍了树的什么方面?

  生:是通过它的颜色介绍的。

  (伙伴点评:在理解了几种树的特点后,加入表情和动作带上情感读,文本与情感完美结合,学生口中的树木才是灵动的,文本也才"活"了起来。并且在读中找到文本介绍树木的特点:通过形状和颜色进行介绍。)

  师:你找到了哪些颜色?

  生:枫树的叶子是红的,松树的叶子是绿的。

  师:枫树一年四季会有怎样的变化?

  生:它的叶子会变颜色。

  师:怎么变的?

  生:枫树的叶子在春天和夏天时是绿色的。

  师:你能仿照着这个句子来说说春天的枫叶吗?

  生:枫树春天叶儿绿。

  师:像这样根据句子联系枫树在其他季节的特点来说,我们就更明白了。孩子们能仿照这一句话来说一说其他树吗?

  生:银杏树秋天叶儿黄。

  生:梧桐树春天叶儿绿。

  生:柳树夏天叶儿绿。

  师:如果把我们这些同学的一个个小句子给记下来,就是我们班的一首关于树叶的儿歌,真好听。再来读一读这句话。

生：枫树秋天叶儿红。

师：与枫叶的红不同的是松柏，因为松树四季常绿，所以人们也叫它"青松"。柏树的叶子也是四季常绿的，因此也叫"翠柏"。

（伙伴点评：通过学习文本延伸到运用文本的表达方式加入自己的理解说一说，很好地锻炼了学生的口头表达能力。）

师：一起来读一读这几个词。

生：松树、青松、柏树、翠柏。

师："松"字也是我们今天要学的一个生字，你能给它组一个什么词？

生：松针。

师：我们来看一下，因为松树的叶子像针一样，所以我们也叫它什么？

生：松针。

师：我们来看红色像手掌一样的叶子，我们叫作……

生：枫叶。

师：松树是刚正、高洁的象征，一起来读读这两句诗。

生：大雪压青松，青松挺且直。

师：因为松树和柏树四季常绿，所以我们说这两种树披上了绿装，你怎样记住"装"字？

生：我用熟字加偏旁的方法记住"装"，"壮"加衣字底就是"装"。

师：看着字形，猜猜衣字底的"装"和什么有关？

生：衣字底和衣服有关。

师：请你给"装"组个词。

生：服装。

生：装饰。

师："装"是一个形声字，我们可以通过字的偏旁来辨析字义。

师：认识了这几种树，你能为在座的同学介绍一下吗？

生：枫树秋天叶儿红，松柏四季披绿装。

师：这几种树木的介绍，除了形状和颜色，还有自己的特点在介绍，它抓住了什么来介绍？仔细看每一句的第一行和第二行，拿出来比一比。

生：写了它的特点。

师：梧桐树和枫树是通过什么来介绍的？杨树、榕树、松柏又是通过什么来介绍的？想一想。

生：我觉得杨树高和榕树壮，还有松柏四季披绿装都是看它们的外表，梧桐树和枫树都是按它们的叶子来描写颜色和形状的。

师：孩子们，你们有一双会看的眼睛。在介绍植物的时候，抓住它最有特点的一个地方说。看，有游客来到植物园了，你能为他们介绍这几种树木吗？注意声音响亮，要带上动作和表情。

（伙伴点评：情境"招聘小导游"开头，这个活动一直贯穿在整堂课中，较完整地将教学环节串联了起来。）

生：杨树高，榕树壮，梧桐树叶像手掌。枫树秋天叶儿红，松柏四季披绿装。

师：提示一点，见到游客先问好：大家好，欢迎来到树木园。

生：大家好，欢迎来到树木园。杨树高，榕树壮，梧桐树叶像手掌。枫树秋天叶儿红，松柏四季披绿装。

师：要想当解说员，会说还不行，还要能把大树的名字写漂亮。今天学习这五个字。现在先来看这三个字："桐、枫、柏"，你发现了它的右边和这个字有什么关系？

生：都是木字旁。

师：右边的字读什么？加上木字旁又读什么？

生：右边是"同"字，加上木字旁也读"桐"。

师：这个字的右边加上了木字旁，还读它本来的音，由此我们可以推断出，这个字左边的木字旁表示什么？右边的字又表示什么？

生：左边的木表示它是树，而左边的字可以代表读音。

师：像这样偏旁表示意思，部件表示读音的字叫"形声字"。

**点评**：教学中创设有趣的学习形式，初步培养学生找重要信息进行表达的能力，联系生活知识，引发知识的拓展，引导学生在观察比较中发现形声字的构字规律，在发现比较中进一步归纳，激发学生参与学习的积极性，培养学生自主学习的意识。

#### 四、学习写字："杨、松、桐、枫、柏"

师：认识了字的组成，我们来写一写。这个字是"杨"，写好有窍门，一看结构，二看宽窄，三看占位。仔细观察，你认为怎么才能写好？

生：它是左右结构的字，要写得左窄右宽。

师：从笔画上看，要提醒什么？哪个笔画多？

生：木字旁的捺变成点。

生：撇多，注意撇的长短。

师：同学们观察得真仔细，请跟着老师写：左窄右宽捺变点，横折折折钩上紧下松，一撇短，一撇长，撇要写舒展。请大想着刚才老师说的写法，自己描红一个，仿写一个。

师：我们一起来看看这个同学写的"杨"字。你们能根据刚才老师说的书写提示来讲讲这位同学写得好不好吗？

生：他的木字旁写得太宽了，右边就有点太小了。

生：他的右边写得上紧下松。

师：既能看到别人的优点，也能指出不足，很好。根据刚才同学说的，再把"杨"字工整地写一个在第二个格子里。

师：请你们用上刚才的写字方法，自己学习"松、桐、枫、柏"。描红一个，仿写一个。

师：请同桌做小老师，根据写字方法帮他评一评，写得工整、美观的给他画三面小红旗，有一个字写不好的就减掉一面小红旗，同时帮他提提意见，请他改一改。

（伙伴点评：不仅要求学生会写，还要做到会评，范老师充分给予了学生自主权，帮同桌评一评的过程同样有利于学生自主识字能力的培养。）

**点评**：教师可以借助学生过去积累的学习生字的方法，充分调动学生的学习经验，注重方法的指导，以及自主识字意识和学生学习能力的培养。

#### 五、板书小结，激趣结尾

师：看，小朋友们来植物园秋游了，请你们看着图为大家介绍一下这几种树木。

师：小导游测试第一部分圆满完成，恭喜同学们过关，下节课，我们继续认识其他树木并为同学们做介绍。

点评：充分利用教学资源，进一步强化形声字的构字规律，加深学生的印象，激发学生的学习期待。

## 罗老师的话

识字教学是小学语文低段教学的重点，为学生以后学习能力的养成奠定了重要的基础。本篇教学对目标的确定和课时特点都把握得较为准确，关注了文本之间前后的联系，借助学生已经获得的识字经验或规律进行引导，为后面的学习奠定了基础。①"兴趣是最好的老师。"教学之初的情境创设"应聘植物园大树讲解员"紧紧抓住学生的心，让他们积极跟着教师学习，激发了学生的学习兴趣。②识字教学是以生字的教学为主的，通过整体识记—抓住特点、归类识字—提供语境，反复再现，不断巩固，重点关注学生对字的整体印象，即联系生活情形，加深汉字的印象。一年级的学习，教师立足于建立学生与汉字的联系，到了二年级就可以拓展下去，《树之歌》的教学在以文本为依托的基础上，充分挖掘教学资源，多次训练语言的表达，同时由生字引出树的相关知识，如"松"的组词和《青松》一诗都有一个知识的积累与延伸，有分类的指导，也有文化的熏陶，点的把握也很好，《青松》只用了两句，并不多讲。③识写结合，培养自学能力。学生对识字、写字已经有了一定的方法，归类复现了五个带木字旁的字后，着重教了"杨"字，其他字用方法自己学习，以教带学，调动学生主动学习的积极性。整节课都体现了归类识字的教学特点，同时也通过对比，让学生领悟到了形声字的特点。

# 《拍手歌》第一课时教学实录

昆明学院附属经开学校　栾琪芬

个人简介

　　栾琪芬，昆明市罗蓉名师工作室跟班学员。现任教于昆明学院附属经开学校。第四届校级学科带头人。2020年参加全国"语文教坛新星杯"微课大赛荣获全国小学微课组特等奖。在"云南省小语统编教材课题、项目研究课堂教学线上展示交流活动"中，微课教学视频荣获优胜奖；执教的公开课教学设计、课件和论文等也多次获得省市级奖。教育格言：志存高远，脚踏实地。用爱己之心爱人，律人之心律己。

## 一、情境导入

师：同学们，你们喜欢去动物园吗？

生：喜欢。

师：那跟着老师一起来逛逛动物园吧，如果你喜欢这些动物，就大声地叫出它们的名字和它们打声招呼吧！

生：猴子、长颈鹿、狮子、大象、斑马、孔雀、熊猫、老虎。

（伙伴点评：创设游戏情境，激发识字兴趣。课堂上，栾老师带着学生们通过多种活动去认识新字，如和课文中的动物朋友打招呼、认读动物名片等，激发了学生的识字兴趣。）

师：老师听出来了，你们最喜欢孔雀、熊猫和老虎。这些动物都藏在了一首小儿歌里面，今天我们就来学习一篇新的课文《拍手歌》，抬起手，跟老师一起板书课题。这个"歌"字是我们本节课要会写的字。来，用上我们的"三

43

看"法则——

生：一看结构，二看占格，三看笔顺。

师：看，它是什么结构的字？

生：左右结构。

师：是的，左右结构。再来看，这个歌字左边是什么？右边是什么？

生：左边"哥"，右边"欠"。

师：对的。"哥"在左，"欠"在右；开口唱，展歌喉。跟老师一起来写一写。书写时要注意左边"哥"的两个"可"的写法不同。上"可"小且没有勾，下"可"大且横拉长。齐读课题。同学们，老师想问问你们，你们知道什么是拍手歌吗？

生：就是一边拍手，一边读的儿歌。

师：你可真厉害，这都知道。是的，拍手歌，顾名思义，就是一边拍手，一边读的儿歌。请同学们打开课本20页，试着拍着手来朗读这篇课文，注意读准字音，读通句子，遇到难读的字词借助拼音多读几遍。

**点评**：通过情境创设逛动物园，大声喊出自己喜欢动物的名字，抓住学生的喜好，迅速激发了学生的学习兴趣。

## 二、初读课文

师：同学们都读完了，相信这些词语难不倒大家。现在请四位小老师来带读，每位小老师带读一行。请你来。

生：世界、朋友、飞翔、写字。

师：提醒大家注意，朋友的"友"在这里读轻声。全班同学再来读一读。

生：朋友。

师：再请一位小老师，谁来呢？小周老师，请你来。

生：丛林、深处、猛虎、熊猫。

师：声音可真好听，字音也都读准确了。再请小李老师来带读。

生：孔雀、锦鸡、雄鹰、雁群。

师：同学们发现他有个字音读错了吗？

生：锦鸡的"锦"是前鼻音。

师：那你来教他读一读。全班同学一起来读一读。

生：锦鸡。

师：字音没问题了，全班同学一起来读一读这些词语。

生：世界、朋友、写字、飞翔、丛林、深处、猛虎、熊猫、孔雀、锦鸡、雄鹰、雁群、百灵、唱不休。

师：词语没问题了，我们把这些词语带进课文中再来读一读。一边读，一边标一标小节号。这首儿歌一共有几个小节？

生：十个小节。

师：那请十位同学来读一读，每人读一小节。等到都能把句子读通顺了，全班同学再一起来读。

**点评**：设计这一环节的目的就是让学生扫清读书障碍，能够在读课文的时候把课文读通顺读流利。

## 三、深入感受课文

师：同学们，刚刚我们在读的时候知道了这首儿歌中写到了很多动物。现在请同学们来默读课文，边读边圈出儿歌中写到的动物。谁来说一说你圈到的小动物？

生：孔雀、锦鸡、雄鹰、雁群、猛虎、黄鹂、百灵、熊猫。

师：全班同学一起来叫一叫这些小动物的名字。想不想认识这些小动物呢？那我们来看着图片认识一下它们。这些小动物来自两个不同的家族，它们是鸟类和兽类家族，聪明的小朋友们，你们能够给它们分分类吗？

生：孔雀、锦鸡、雄鹰、雁群、黄鹂、百灵是鸟类；猛虎、熊猫是兽类。

师：那我们先来看看兽类，叫一叫它们的名字。

生：猛虎、熊猫。

师：再来观察这两个词，你有什么发现？

生：它们都有反犬旁。

师：是的，反犬旁的字大多和动物或者是兽类有关。你还知道哪些兽类呢？

生：狮子、狼……

师：认识了兽类家族，那我们再来看看鸟类家族的动物，来读——

生：锦鸡、黄鹂、雄鹰、雁群、孔雀、百灵。

师：在一年级时我们已经学过"鸟"字，我们都知道，带有鸟字边的字大多都跟鸟有关。再来看看这些鸟类，找一找哪几个字带有鸟字边？

生：锦鸡的"鸡"，黄鹂的"鹂"。

师：鸟字边的字你还知道哪些？

生：鸭、鹅、鸥、鹊……

师：你们认识的字可真多。同学们，再来仔细观察鸟类家族，除了鸟字边的字，你还有什么发现？观察标了颜色的这几个字。

生：这几个字里面都有"隹"。

师：是的，它们都包含"隹"，跟老师来读，隹字部。"隹"是一个象形字，甲骨文字形，像鸟形。隹在古代是短尾巴鸟的总称。很多与鸟有关的字都带有"隹"部。通过字源，我们认识了"隹"。所以同学们，部首"隹"和"鸟"都是表示与鸟类有关的字。带有隹字部的字也有很多，现在请一位小老师来带读一下。

生：雕、雏、隼、睢、雉。

师：带有隹字部的字除了这些还有很多，大家可以自己下去查字典了解。全班同学一起来读一读。同学们，课后练习有这样一道题：找一找，说一说每组加点字的相同之处。请同学们来观察每组词，你有什么发现？

生：第一组词里面都带有隹字部，第二组词里面都带有鸟字边。

师：你可真是一个会观察的孩子。同学们再来看，带有隹字部和鸟字边的这些字，它们都属于——

生：鸟类。

师：所以鸟字边的字和隹字部的字大多跟鸟有关。同学们，刚刚我们认识了鸟类家族的很多动物，这些动物真是调皮，一眨眼又跑到课文中去了，赶紧看看，这些调皮的鸟类家族的小动物跑到课文中的哪几个小节了？

生：第二、四、六小节。

师：那今天我们先来看看第一至四小节。全班齐读第一小节。

生：你拍一，我拍一，动物世界很新奇。

师：新奇是什么意思？

生：奇特、奇妙、神奇。

师：你回答得可真好，那就让我们开启这趟奇妙的旅行吧！看，图片上是谁？

生：孔雀和锦鸡。

师：谁来读读这一节？

生：你拍二，我拍二，孔雀锦鸡是伙伴。

师：你的声音可真好听，从这一节我们知道孔雀和锦鸡是一对好伙伴。为什么它们是伙伴呢？孔雀我们都比较熟悉，那我们先来了解一下锦鸡。锦鸡的"锦"原来是指有彩色花纹的丝织品，如"锦缎"，后来逐渐表示色彩艳丽的意思，锦鸡就是因为它的羽毛色彩艳丽，所以才叫"锦鸡"。（出示：锦缎、锦鸡的图片）

师：你们能在课文插图中找一找锦鸡吗？

学生在课文中找锦鸡的图片。

师：嗯，同学们都找对了，是的，通过插图，我们可以来识字。那现在你们知道它们为什么是好伙伴了吗？

生；因为它们的羽毛都很漂亮，颜色艳丽。

师：你真厉害，你是从羽毛上发现的。那还有同学发现了什么吗？

生：它们都有长尾巴。

师：你也很不错，会从它们的样子来发现。那男女生配合拍着手再来读一读。

生：男生：你拍二，我拍二；女生：孔雀锦鸡是伙伴。

师：快看，谁飞来了？谁来读一读这一段？

生：你拍三，我拍三，雄鹰飞翔云彩间。

师：从这句话中我们知道雄鹰在干什么？

生：在云彩间飞翔。

师："翔"这个字是我们这节课要认识的字，翔指的是翅膀平直不动，盘旋而飞，高飞的意思。谁来一边做飞翔的动作，一边读一读这一段？

生：你拍三，我拍三，雄鹰飞翔云彩间。（带动作读）

师：同学们，如果你们好好学习，掌握本领，也能在知识的天空中自由自在地飞翔。全班同学一起边做动作边来读一读。瞧，蓝天上除了雄鹰，还有谁？

生：雁群。

师：请女生来读读第四小节。

生：你拍四，我拍四，天空雁群会写字。

师：那只是一只大雁吗？

生：许多只，很多，一群大雁。

师：一群大雁，我们可以叫它雁群。那一群小鸟、一群羊，我们可以叫它们什么？

生：鸟群、羊群。

师：雁群会写字吗？它们会写什么字呢？

生：会，"一"字和"人"字。

师：你们还记得一年级学过的《秋天》这一课吗？一群大雁往南飞，一会儿排成个"人"字，一会儿排成个"一"字。会写字的大雁可真是厉害，请男生来夸夸它们。然后全班一起夸夸它们。

男生、女生读句子。

师：了解了鸟类家族那么多新奇之处。我们再来读一读第一至四小节。既然是拍手歌，那我们拍手的方式也有很多。可以自己拍手读，可以跟小伙伴一起拍手读，还可以跟老师一起拍手来读。

（伙伴点评：在这个环节中，栾老师根据课文和学生的特点，运用动物图片来吸引学生，紧紧抓住他们的注意力，从而激起学生的参与意识和学习热情。课文每节字数相同，读音押韵，节奏感强，栾老师采用多种方式让学生在反复朗读中轻松愉快地识字认字。）

生：你拍一，我拍一，动物世界很新奇。你拍二，我拍二，孔雀锦鸡是伙伴。你拍三，我拍三，雄鹰飞翔云彩间。你拍四，我拍四，天空雁群会写字。

师：这篇课文也要求我们背诵，现在老师把一些词给藏起来了，你们还会读吗？谁来挑战一下。请四位同学来挑战。

生：你拍一，我拍一，（动物世界）很新奇。你拍二，我拍二，（孔雀锦鸡）是伙伴。你拍三，我拍三，（雄鹰飞翔）云彩间。你拍四，我拍四，（天空雁群）会写字。

师：你们可真厉害，刚学完就会背诵了，全班一起拍着手来尝试背一背。

**点评**：这一环节运用了多种识字方法来识记生字，重点是通过部首鸟字边、隹字部归类识记生字，知道带有鸟字部和隹字部的字大多跟鸟有关。然后通过学习第一至四小节，认识鸟类家族的动物，以及它们的奇特之处。

### 四、生字书写指导"写、丛、熊"

师：鸟类家族的新奇我们已经知道了，那来看看本节课要求我们会写的几个生字。请你们用"三看"法则来看一看这三个字，你有什么发现吗？

生："写、丛、熊"都是上下结构的字。

师：你是个细心的孩子。再来观察这三个字，虽然结构相同，但构字又是有区别的，谁发现了？

（伙伴点评：重视写字指导，规范写好汉字。对于二年级的写字教学，要重点关注汉字的间架结构，使学生养成良好的书写习惯。本节课，栾老师领着学生们入眼观察，入心领悟，入笔书写，带着他们从书写正确、规范逐步到书写美观。）

生："写"是上面窄，下面宽；"丛、熊"是上面宽，下面窄。

师：你真是太厉害了，这都被你发现了。那我们一起来写写这几个字，抬起手来跟老师写。"写"要注意笔顺和"与"的竖折折钩要一笔写成。"熊"笔画较多，注意"能"字的右边是上面小，下面大；四点底第一点朝左，其他三点朝右，四点之间的距离要差不多。再用同样的方法来观察"丛"字，然后自己写一写。写完以后，同桌交换评一评。写正确给一颗星，占格对了再给一颗星，字写得很漂亮可以再给他一颗星，看看谁能拿到三颗星。

**点评**：通过归类来指导书写生字。引导学生观察字形，虽结构一样，但构字特点不一样。然后通过归类引导观察，"歌、丛、熊"三个字都有相同两个部件，虽然相同，但写法不同。通过归类比较，不仅教会学生看字写字的方法，还培养了学生自主识字写字的能力。

## 五、小结

师：同学们，这节课，我们通过归类、字源、联系生活等识字方法认识了鸟类家族的朋友，知道了鸟类家族的新奇之处，下节课，我们继续到兽类家族去做客，看看兽类家族又有什么新奇的地方。

点评：总结了本节课用到的一些识字方法，以及认识了鸟类家族的新奇之处。以问题结束，激发学生对兽类家族的好奇心。

### 罗老师的话

《拍手歌》这篇课文共十小节，字数相同，语音押韵，轻快活泼，通俗易懂，讲述了大小动物在自然界自由生活的美好情景。栾老师整节课在目标的设计上，突出识字写字的规律，着力激发学生的识字兴趣，发展识字能力。

（1）重视识字方法，提高识字能力。栾老师引导学生自主识字，交流方法，学生积极分享，特别是在栾老师的引导下，学生归类识字，通过观察、归类、发现相同部件，猜测意思，观察字源，理解部件佳字部的意思，最后发现字义和字形有密切的联系。教师教给方法，培养了学生独立自主识字的能力。

（2）关注文本特点，开展多法诵读。这篇识字儿歌音韵和谐，读来朗朗上口，抑扬顿挫。栾老师创设了丰富的情境，采用了多种方式，如自由读、指名读、分小节读、拍手读等，引导学生们读出了兴趣、韵味和节奏。同时，栾老师注意朗读的层次性：一读，读正确；二读，读出理解；三读，读出趣味。在有层次的趣味诵读中达成目标：熟读成诵。

对于低年级学生而言，他们的注意力不容易集中，而"游戏"是每个学生的最爱，今后，希望栾老师把更多的游戏、趣味性融入教学课堂当中，使语言在课堂上更中正、温柔、简洁、富有感染力，一下子就可以抓住学生们的注意力，使倾听更有力量。

# 《场景歌》第一课时教学实录

云南师范大学附属世纪金源学校　杨洁

**个人简介**

　　**杨洁**，从教十五年，从事语文教学六年。小学初级教师，从教期间多篇论文获得云南省一等奖、二等奖；2019年参加云南省统编版小学语文课堂教学竞赛获一等奖；获"官渡区学科带头人"称号。

## 一、创设情境，导入课题

师：孩子们，你们喜欢旅游吗？

生：喜欢。

师：相信你们去过很多美丽的地方，今天，杨老师要和大家一起去几个很美的地方，准备好后，咱们就一起出发吧！地点就藏在课本里。请大家翻开课本16页，今天我们一起来学习《场景歌》。

（伙伴点评：用"旅游"的话题唤起学生们的生活感受，调动起学生们的学习兴趣，同时自然地将目光引入文本中的一个个场景里。）

点评：从学生身边常见的活动导入，对于二年级的学生而言，将生活实际和课本内容相结合，既能够强化学生的学习动机，又易于让学生自然进入课文的学习当中。

## 二、初读课文，整体感知

师：请同学们读一遍课文，注意要读准字音，读通顺句子，遇到难读的字词可以借助拼音多读几遍。

学生自由朗读课文。

师：大家读得这么认真，词语宝贝已经迫不及待想和大家见面啦，第一行词语谁来读？如果他读对了，请大家跟读；读错了，举手帮助他。

生：一艘、一处、一方、一道、一座、一丛、一群。

全班跟读。

师：这位同学读得准确而且声音洪亮！第二行谁来读？

生：帆船、军舰、稻田、花园、翠竹、队旗、铜号。

生：他读错了，不是"帆船"（读成了第二声），应该是"帆船"（第一声）。

师：你真善于倾听！没错，这个字要读第一声，"帆船"，全班齐读。

师：猜猜看，这是我们刚才读的哪个字？（课件出示"稻"的金文、小篆及楷体）

生：稻。

师：是的，这个字慢慢演变成了我们今天用的楷体，我们今天吃的大米就是去了壳的水稻。

师：这个字读什么？（出示生字卡片"园"）男生读。

生：园。

师：这个字你会组哪些词？

生：花园、公园。

生：校园、圆形。

生：圆形的"圆"不是这个"园"。（用字源识字和组词法识记生字）

师：哇，你真是火眼金睛，帮我们辨认了"圆"和"园"两个同音字。花园的"园"里面是元旦的"元"，而圆形的"圆"里面是人员的"员"，表示形状（边说边板书）。

（伙伴点评：通过字源识字的方法先学习了"稻"字，由此唤起了学生对识字方法的认知，进而在学习"园"时对比、辨析，课堂生成顺势而成。教师注重了识字方法的渗透，而不单单就字读字。）

师：咱们一起再来读读这几个词语。

生：一艘、一处、一方、一道、一座、一丛、一群、帆船、军舰、稻田、花园、翠竹、队旗、铜号。

师：这两组词语有一些相同的地方，你发现了什么？

生：第一组词都有"一"字。第二组是东西。

生：第一组是表示几个什么。

师：也就是说，第一组词语表示数量，叫数量词。

师：词语读准了，现在我要加大难度，把词语宝贝送到句子中，谁敢来挑战读一读？

生：蓝蓝的大海上，有一艘艘军舰，一条条帆船。

师：你的声音真甜美。第二句谁来读？

生：美丽的乡村里，有一块块稻田，一片片花园。（不流利）

师：别紧张，看清楚字，再读一次。

生：美丽的乡村里，有一块块稻田，一片片花园。

师：这一遍读得真清楚。

师：男生读一句，女生读一句，注意要读准确、读通顺。

生：蓝蓝的大海上，有一艘艘军舰，一条条帆船。美丽的乡村里，有一块块稻田，一片片花园。

师：接下来，我们走进《场景歌》，一起来欣赏课文中那些美丽的场景，谁来读第一小节。

生：一只海鸥，一条帆船。一艘军舰，一处港湾。

师：这是哪里的场景呀？

生：海边（老师板书：海边）。

师：第二个场景谁来读？

生：一方鱼塘，一块稻田。一行垂柳，一片花园。

师：有鱼塘，有稻田，这是哪里呢？

生：乡村（老师板书：乡村）。

师：我们即将来到第三个地方。

生：一道小溪，一座石桥。一丛翠竹，一群飞鸟。

师：这是我们常去的哪里？

生：公园（老师板书：公园）。

师：最后一个小节我们一起来读。

生：一面队旗，一把铜号。一队"红领巾"，一片欢笑。

师：少先队员们高举队旗，吹响铜号，猜一猜他们要去干什么？

生：他们要去参加升旗仪式。

生：他们要去海边。

生：他们要去玩耍，参加活动。

师：参加少先队活动（老师板书：少先队活动）。

师：课文向我们展示了海边、乡村、公园和少先队活动这一幅幅美丽的场景，先跟老师来到海边……（读第一节），男生去了乡村，读一读第二节，女生来到美丽的公园，读第三小节，所有少先队员一起出发，齐读第四小节。

（伙伴点评：无论是字音的朗读，还是字形的识记，都能层层递进，反复多次的朗读，以及字词的复现，让学生读正确，记深刻。）

点评：《语文课程标准》（2011版）中指出，第一学段（一至二年级）对于阅读的要求是用普通话正确、流利、有感情地朗读课文，能借助汉语拼音认读汉字。本课为简短儿歌，读准词语是关键，所以在学习伊始，杨老师安排了二类生字和部分一类生字组成的词语的朗读训练，有助于后续读通课文。本单元的重点是识字，所以在读生字词这个环节，把学生容易读错、写错或者混淆的字单独提出来进行教学，落实教学目标：会认"帆、艘"等10个生字，利用学生已有经验，采用字源、组词等多种方法灵活识记。在上个环节读准词语和句子的基础上，回归文本，通过教师引读、男女生读、齐读等多种形式落实朗读，让学生能够读通顺课文。同时，厘清课文的脉络，知道课文写了四个场景。

## 三、品读课文，学习第一至三节

师：现在我们来玩一个游戏，叫作"考眼力"。看谁能快速读出屏幕上出现的词语。（出示第一节出现的事物和数量词，在游戏中学，吸引学生的注意力）

生：海鸥、帆船、军舰、港湾、一艘、一条、一处、一只。

师：请你把左边的数量词和右边的事物恰当地搭配在一起。

生：一只海鸥，一条帆船。一艘军舰，一处港湾。（指名四个学生回答）

师：我们一起来读读完整的一小节。

生：一只海鸥，一条帆船。一艘军舰，一处港湾。

师：同学们跟着老师的思路，闭上眼睛，想象着自己在大海边，一起欣赏这美景。（配以海鸥和海浪的声音，教师读第一节），谁来带着我们感受这海边的美景？

生：……

师：这一节中，"艘"和"舰"两个字都是舟字旁，舟字旁的字都和船有关。说成"一艘帆船，一条军舰"可以吗？为什么？

生：不可以，这样说不恰当。

师：不恰当在哪儿呢？

生：它们是固定搭配，不能换。

师：之所以是固定搭配，是因为"艘"是形容大的船只，"条"一般形容小的船只。

（伙伴点评：归类识记舟字旁的字，同时能引导学生区分"艘"和"条"表示的不同物体，在语境中学习生字，能让学生乐于学习。）

师：当我们把量词恰当地搭配时，读起来才不会闹笑话。其实我们平时经常用得到量词。比如：（指学生文具盒、铅笔、桌子）。

生：一个文具盒、一支笔、一张桌子、一副眼镜。（结合生活练习量词）

师：离开辽阔的大海，现在我们来到景色宜人的公园（出示乡村美景图），谁来读一读第二节。

生：一方鱼塘，一块稻田。一行垂柳，一片花园。

师：读得字正腔圆。这一节中的一方鱼塘的"方"也是个量词，生活中我们会说一什么鱼塘？

生：一个鱼塘。

师：联系生活中的事物来理解就容易多了，像这样一块方形的池塘就叫一方鱼塘。

师：咱们一起把乡村变得更美，把景物变得更丰富多彩，把鱼塘变得多多的，想想怎么变？（叠词练习）

生：一大块鱼塘。

生：好几块鱼塘。

生：满地的鱼塘。

师：想想多加一个什么字能让鱼塘变多？

生：一方方鱼塘。

师：你真会思考，用一个叠词让鱼塘变多了，咱们一起来看这些景物，把乡村变得更美。一块稻田。

（伙伴点评：借由图片理解一方鱼塘，从而引申到表示数量多的量词，再到其他事物用叠词表示数量多的方面，由学到用，注重积累与辨析。）

生：一块块稻田。

师：一行垂柳。

生：一行行垂柳。

师：一片花园。

生：一片片花园。

师：看来叠词能让物体特征更明显，我们在写作时可以记下来。现在咱们一起到公园看看吧，齐读第三节。

师：现在我想换一个量词，"一道小溪"你还可以怎么说？

量词填空练习：一（　　）翠竹、一（　　）飞鸟。

生：一条小溪、一棵翠竹。

师：还可以换哪些量词？

生：一根翠竹、一只飞鸟。

师：你们说得没错，看来相同的事物可以用不同的量词来表示。

（伙伴点评：通过有趣的小游戏，让学生不只停留在"读"和"识"的层面，而是把所学的知识运用起来。）

点评：在练读词句后，用小游戏的形式吸引学生注意力以提高他们的学习兴趣，从而进入量词的学习，也是本课的教学目标之一。通过两个量词"艘"和"条"的学习，再次巩固认读"艘"字。本课除了积累课文中的量词外，也要重视引导学生结合生活实际，说说生活中的量词，让学生感受到量词在生活中运用得很广泛，可以说是无处不在。另外，通过配声音教师范读，想象画面，多次练读后，学生便能够读出感情。在第三节的学习中，让学生将量词变为叠词，通过替换练习，知道叠词能让物体特征更明显。同时进行量词的替换练习，让学生知道同一种事物可以用不同的量词来表达。

## 四、练习写字

师：在我们刚才学习的三个小节中，藏着几个生字宝宝，咱们一起来看一看。（出示生字："桥、群"）

师：请同学们认真观察，这两个字有什么共同的地方？

生：都是左右结构的字。

生：都是左窄右宽的字。

生：不同意，"桥"是左窄右宽，"群"是左右等距。

师：你既会观察，又会总结。要想把这两个字写好，要注意什么？

生："桥"的木字旁捺要改为点。

生："群"字左边的横要出头。

生："群"字右边"羊"字的三横要等距。

师：请同学们伸出手指和杨老师一起写。"桥"字左窄右宽，"木"捺写成点，"乔"三个撇写法各不相同：起笔撇要平，第二个撇往左靠，与木字旁穿插，最后一个撇写作竖撇。"群"左右宽窄相当，两部分横画要等距，左边横画紧凑，右边横画长短不一，中横最短，在横中线上侧，下横最长，起笔在竖中线上。（边说边写）

师：在生字表中描一个，写一个。注意书写的时候姿势要正确，头正、身平。

师：他写得好吗，哪里写得好，哪里需要改进？

（伙伴点评：写字教学注重方法的总结与指导，引导学生仔细观察生字的结构，从教师对学生的评价延伸到学生之间的评价，让每个学生的脑、眼、手都动起来。）

生："桥"字的木字旁写得好，但是右边太大啦。

生："群"字写得好。

师：哪里写得好？

生：横是等距的，左右也等宽。

师：再次看看你写的字，课后把不好的地方改一改，我们下节课将继续学习这一课的最后一节。下课！

点评：《语文课程标准》（2011版）中，第一学段（一至二年级）对于写字的要求是掌握汉字的基本笔画和常用的偏旁部首，能按笔顺规则用硬笔写字，注意间架结构。使学生养成良好的写字习惯，写字姿势正确，书写规范、端正、整洁。所以，此环节留给学生充分的时间写字并进行点评，落实课标要求。

### 罗老师的话

　　《场景歌》一课，教学目标设置准确，落实到位。杨老师让学生通过自由读、默读、男女生读、齐读、师生互读、配乐朗读等多种形式的读，读准字词、句及文本，又通过想象画面、看图片等形式让学生融入自己的感情，以读促情，读中感悟，读出了文章的韵味。整堂课以读为纽带，贯穿课文，从而培养了学生热爱大自然的品质。对于本单元及本课的重点——识字写字方面，杨老师借助多种识字方法，如图片识字、字源识字、同音字、组词等，将字词的理解生活化，并始终注意以学生为中心。本课中量词的学习是一个难点，杨老师通过量词搭配、使用叠词、替换量词三个环节的活动将此部分生活化，深入浅出，学生易于理解。最后写字部分，找了两个结构相同但是写法不同的左右结构的字对比学习，先让学生观察，说一说要注意的点，教师归纳范写后，学生再照着课本写，写完还注重强调学生对字的评价，一切的活动以学生为主体，落实到细节处。在本课三个小节的学习中，教师可适当调整自己的教学方法，争取让三个部分的内容层层递进，逐层深入。

# 《田家四季歌》第一课时教学实录

盘龙区新迎第三小学　普悦舒

**个人简介**

普悦舒，昆明市盘龙区新迎第三小学教师，盘龙区语文学科带头人。热爱语文教学，乐于钻研。多篇论文获国家级、省级一等奖。喜爱演讲、朗诵，多次指导、组织学生参加省市区级朗诵比赛并获一等奖，本人获"优秀编排教师"奖项。

## 一、激趣导入

师：同学们，旅行的列车继续前进，最后一站会到哪里呢？（课件播放田园四季风光图）图上画的是什么？

生：春天。

生：郊外。

生：是田野。

生：夏天。

生：秋天的稻田。

生：冬天下雪了。

师：是的，同学们，这四幅图画的就是春季、夏季、秋季和冬季，它们合称为？

生：四季。

师：（出示"季"字卡片）你来读一读，给它组个词（指名多名学生读字并组词）。"季"字怎么才能记住它？

生：它是上下结构，上面一个禾苗的"禾"，下面一个儿子的"子"。

师：你用拼一拼的方法记住了它。

生："季"字就是"李"字上面多一撇。

师：你观察得真仔细呀，找到了它的形近字。

（伙伴点评：利用图片引出四季，从而唤起学生对生活的感知，多种识字方法的指导记忆让学生有了较深的印象，激起了学生的学习兴趣。）

现在我们来写一写这个字，大家伸出手指，和老师一起书空。"禾"要写在横中线的上方，"禾"字的一竖刚好写在竖中线上；"子"字从横中线上起笔，一横略长。（补充课题）

师：请同学们齐读课题。

生：《田家四季歌》。

师：同学声音整齐、干脆，很有自信。可是，题目里的"田家"究竟是什么地方？让我们到儿歌里去看一看吧。

**点评**：首先利用美图引发学生的兴趣，集中注意力，并引出课题，相机学习生字"季"。学习生字的同时，潜移默化地引导学生复习前几节课学过的识字方法。

## 二、初读儿歌

师：请同学们打开语文书23页，借助拼音，自由出声朗读儿歌，注意：要做到不读错，不加字减字，不回读。

生：（自由朗读。）

师：这么快就读好了？老师可要考考你们。我为大家设置了三个难关，成功闯关就能得到小奖章，大家敢不敢挑战？

生：敢！

师：那现在我们就进入第一关——词语接力。请一个组的同学开火车朗读词语，每个词读一遍。其他同学认真听，如果他读对了，就跟着他一起读；如果他读错了，就举手纠正。

生：（生字带拼音）花开草长、蝴蝶、农事忙、采桑、养蚕、插秧、勤耕作、戴月光、辛苦。

师：这几位小老师真了不得，一次过关。请全班同学像他们一样齐读词语。（去拼音齐读）

师：第一关全班挑战成功！我们马上进入第二关——句子变变变。谁来挑战？

生：麦苗儿多嫩，桑叶儿正肥。（该生将"麦苗儿、桑叶儿"读成了儿化音）

生：他读错了，这里不是儿化音。

师：你怎么知道的？

生：我是看"儿"的拼音，它是单独写的，没有和前面那个字的拼音连在一起。

师：孩子，你真是个小小观察家，这么小的细节都被你发现了。对啦，这句话大家不要读成儿化音。请你带着大家读好这个句子。

生：（指名学生带读，全班再齐读。）

师：下面这两个句子谁来挑战？

生：秋季里，稻上场。

一年农事了，大家笑盈盈。

师：你们发现了什么？

生："场"字我们以前学过读三声，但是这里读二声，它是个多音字。"了"也是，它在课文里不读 le，而是读 liǎo。

师：孩子，你做到了"借助拼音读对生字"，生字宝宝变来变去却难不倒你！

"场"在大多数情况下读三声，表示"处所，能适应某种需要的较大地方"，比如操场、球场、广场（课件出示词语）。在本课中，"场"读第二声，专指"平坦的空地，多用来脱粒、晒粮食"，比如"打场"（课件出示词语）。

"了"字在这句话中表示一年的农事全部结束了，要读 liǎo。

（伙伴点评：通过观看图片、联系生活举例子等方式教学多音字，让学生记忆深刻，注重在语境中识字学词。）

大家来读一读这两个句子。

生：（齐读。）

师：第二关顺利通过！

可是，"田家"到底是什么地方呢？请大家边读边想。请一位同学朗读第一小节，女生齐读第二小节，男生齐读第三小节，全班齐读第四小节。

生：（合作共读。）

生：是村子。

生：村庄。

生：田家就是农村里。

师：你们都说对啦，"田家"就是"农家"的意思。（课件出示"农"字的演变）。"农"的本义指除草播种之事，上面是农田，下面是农具。随着演变，逐渐变成了现在的"农"。

大家和老师一起来写一写（教师板书，学生书空）。点和横钩在横中线上侧，长撇从竖中线上端起笔，第四笔竖提的提尖过竖中线，短撇在横中线上下，捺从长撇中部起笔。

请大家用"农"组词。

生：农民。

生：农村。

师：农民伯伯们在农田里从事各种生产活动，做了许多事，我们可以组词？

生：农事。

师：你们知道的农事有哪些？

生：浇水施肥。

生：播种。

师：老师也为大家准备了许多关于农事活动的图片，看看你们认不认识。

生：播种、插秧、耕田、采桑、除草、割麦、打谷、积肥。（出示图片，学生说出名称，教师再出示词卡，学生齐读；不能说出农事的名称时，直接出示词卡齐读）

（伙伴点评：农事的了解紧扣课后练习展开，通过图片引导学生进行感知，借助图片理解农事，有趣又有效。）

师：这么多的农事，农民伯伯分别会在哪个季节去做呢？我们先到春天的田野去看看吧。

**点评**：闯关游戏能激发学生的兴趣，从读词到读句字，再到读文，层层递进。结合课后练习和图片，让学生初步了解农事活动，做到整体感知。在学生每一次读词读句读文时，不但要对朗读的同学提出要求，更要对聆听的同学布置任务，避免学生无所事事，从而走神。

## 三、精读儿歌

师：请一位同学为我们朗读第一小节，其他同学边听边想：你从儿歌里看到了什么？

生：我看见春天来了，小草发芽了，草地上的花也都开了，还有蝴蝶在自由自在地飞着。

师：这么美的画面你是从哪里看到的？

生：花开草长蝴蝶飞。

生：我还看见了田里的麦苗发芽了，嫩绿嫩绿的。桑树的叶子也发芽了。

生：不对，桑树的叶子已经长得很大了，不是刚刚才发芽。

师：你怎么知道桑叶长得很大了？

生：我是从"肥"字看出来的。

师：我们一般说"肥"是指很胖，文中的桑叶肥指的就是桑叶长得很茂盛，叶片厚实。这么好的桑叶，马上就能让蚕宝宝美餐一顿了。

（伙伴点评：抓住句子中的关键词引导理解，语言注重启发感悟，拉近学生与文本的距离。）

这是什么样的春天？用你们甜美的朗读声告诉我吧。（指名朗读第一小节，除去文中少部分词语）

生：（声音甜美，但语调较平。）

师：声音柔和，这是和风细雨的春天。

生：（"花开草长蝴蝶飞"读出来了韵律。）

师：带上了笑容，这是百花争艳的春天。

生：（最后一句情感很饱满。）

师：感情浓烈，这是充满生机的春天。

春天的田野多么美好，我们一起来赞一赞它。

生：（齐读，除去文中大部分词语。）

师：田家的春季这么美，夏季又会是什么样的呢？请一位同学为我们朗读第二小节，这次你们又从儿歌里看到了什么？

生：我从"采桑养蚕又插秧"里看到了农民伯伯有的在采桑，有的在喂蚕，还有的在插秧。

师：你的表达非常完整，还能用上"有的……有的……"这组关联词。

生：我从"夏季里，农事忙"这句看出来，夏天农民伯伯非常忙碌。

师：农活真多呀。

生：我从最后一句看出农民伯伯很早就出去劳作了，做到很晚才回家，他们很辛苦。

师：你怎么知道他们很晚才回家？

生：归来戴月光。

师："戴月光"的意思？（出示插图帮助理解）

生："戴月光"就是月亮出来了。

师：这个"戴"字具体是怎么理解的呢？

生：穿戴。

师：把月光穿戴在身上，就是月光——

生：照在身上。

师：（借助图片，理解"戴"的字义）像这样把东西戴在头上、脸上、脖子上，我们就用"戴"。我们还学过一个"带"字，它是把东西随身带着。

（出示习题，①戴；②带）大家试试能不能区分它们。

生：妈妈（戴）上心爱的项链，（带）着行李去度假了。项链是要套在脖子上的，所以选①，行李是随身提着，不是穿戴在身上的，所以选②。

（伙伴点评：将"戴"字的教学文本引申到生活，变微观为直观，再透过生活现象启发思考，关注学生生成，顺势而导。）

师：你的分析很详细，表达很完整，真是一位能干的小老师。

"归来戴月光"，农民伯伯披着星光，顶着月亮回来啦。这一天，他们都忙些什么呢？

生：他们要采桑叶喂蚕。

生：要插秧。

师：除了儿歌里提到的，他们还要做些什么农事？

生：除草。

生：浇水灌溉。

生：耕田。

师：如果种的是冬小麦，夏季麦子也该成熟了，那就还要？

生：割麦、打谷。

师：哎呀，农民伯伯真忙碌呀，干完一件农活儿，又要忙着做下一件。你能把这种辛勤劳作用朗读表现出来吗？（指名朗读，除去文中少部分词语。）

生：（语气较平缓。）

师：你今天应该只做了一两件农活儿，还不够辛苦，要加快速度，不能浪费时光哦。

生：（读得比较紧凑。）

师：你的朗读声告诉我，你今天真忙呀，做了好多事情，累不累？

生：（读得抑扬顿挫。）

师：你的最后一句放慢了语速，有一点叹息的语气，似乎又辛苦，又欣慰。

（伙伴点评：重视朗读的指导，通过学生的朗读评价引导，让学生有参照的目标，一遍比一遍读得好，更易激发学生的阅读兴趣。）

在这个热辣辣的夏季，农事繁忙，我们不能休息呀——（师生合作朗读，除去文中大部分词语。）只要忙过了这个夏季，丰收的季节就不远啦——（学生齐读，只留有每行开头的第一个字词。）

**点评**：本课时重点学习儿歌的一、二小节，其中又以夏季为主，结合儿歌、图片和生活中的知识，了解夏季农事繁忙，农民伯伯劳作的辛苦，从而能够有感情地朗读课文。本文的句子既有儿歌的节奏，又蕴含着古诗的韵律，怎样才能读出美感，需要教师引导。学生每一次朗读，教师的评价都要有指向性，避免出现"读得很美""读得真好"这类空洞而无效的评语。评语的目的不但在于点评这个学生的对错，还要向学生们指出改进的方向和方法。

### 四、自主识字

师：秋天的收获离不开辛勤的汗水，夏季的忙碌将带来硕果累累。我们的学习也是一样，只有认真努力，才能摘取丰收的果实。

闯关还在继续，现在我要"收获生字果实"。（课件出示带有生字的果实：吹、肥、事、忙、归、戴）这些生字你能记住它们吗？向大家介绍一下你的识字方法，并给它们组组词，就可以把生字果实带回家啦。

生：我要说"吹"字。它是左右结构，左边是个"口"，右边是个"欠"。我组的词语是"吹风"。

师：你用了拼一拼的方法记住它。

生：我补充一下，"次"字把两点水换成口字旁就是"吹"，我组的词语是"吹牛"。

师：你用的是换偏旁的方法来记住它。

生：我补充，"吹"是左右结构，吹是要用嘴巴，所以它是口字旁，而且写的时候口字旁要小一点。我组的词语是"吹气"。

师：你不但关注了它的部首，还发现了书写的小要点。这三位同学共同摘得了第一枚果实。他们用了拼一拼、换偏旁、理解字义的方法记住了这个字，还关注了书写的特点。大家可以向他们学习。

（伙伴点评：多样的识字在一个个字的学习中不断强化方法，教师进行总结，学以致用，学生学习效果的可检测性较为明显。）

生：现在我要向大家介绍"忙"字。它是左右结构，左边是竖心旁，因为忙的意思就是做事情很着急，是一种心情，所以部首是竖心旁。它的右边是"亡"，这个字是形声字。写的时候要左窄右宽。我组词"急忙"。

师：老师发现，你是一个特别会表达的孩子，你的介绍完整、清楚。

生：我要介绍"肥"，它也是左右结构的字，左边是"月"，右边是"巴"，写字的时候要左窄右宽。我组的词是"肥胖"。

师：你讲得简单明了，恭喜你也拿到了生字果实。

生：我介绍"归"字。我看它左边的一竖一撇就像一条路，右边像一个横着的"山"字，我把它想象成山上的一条小路，就是回家的路。我组的词语是"归还"。

师：你把汉字想象成了一幅图画，非常形象，为你的观察力和想象力点赞。

生：我来介绍"戴"字，这个字是半包围结构，"十"和"戈"包着"田"和"共"，"戈"的一横要写得长一点，"十、田、共"写得小一些。我组的词语是"戴帽子"。

师：你能把这个复杂的生字拆成四个熟悉的部分，并记住它的结构和书写特点，真会观察，这枚生字果实是你的了。

这个"事"字一直没有同学来尝试，老师来帮帮大家。（出示字源图）"事"字的甲骨文就像一只手拿着一把上端有叉的捕猎器具，随着时间的推移，慢慢变成了现在的样子。对于写好"戴"和"事"，你有什么好建议？

生："事"的第一横要长一些，中间的"口"要写得又扁又长。

生：扁"口"下面的横折要写在横中线上，竖钩要写在竖中线上。

生："戴"的"十"和"戈"的一长横要在横中线以上，"田"字中间的一个短横正好压在横中线上。

生："戴"字中的"共"要写在左下格，不能超过竖中线，"戈"的斜钩从竖中线起笔，撇从横中线起笔。

（学生在回答时如有遗漏的地方，教师可相机指出给予提示。）

师：你们观察得可真仔细，那就让我们根据这几位同学的提示，一起来写一写"戴"和"事"。大家摆好写字姿势，注意"一尺、一拳、一寸"。（教师范写，学生描红，并仿写一个）

学生们写好以后，可以交换评价一下，对方的字形结构、宽窄大小、占格要点是不是都和书上的范例一样。

点评：学生通过本单元前三篇识字课的学习，已经掌握了一定的识字方法，本节课讲解"季、农"二字时也回顾了如何识字。最后通过小游戏，让学生自由识记生字，并能讲解六个生字，既是考查，又是巩固。在学生的表达方面，教师要善于运用有指向性的评价来引导学生，提示他们有什么方法可以用来帮助识记生字。

## 五、小结

师：今天同学们表现得非常出色，挑战顺利通关，老师要奖励全班同学每人一个小奖章。田家的春季是"草长莺飞二月天",田家的夏季是"锄禾日当午,汗滴禾下土",那么秋、冬两季的田家又是怎么样一番景象呢?我们下次接着看。

### 罗老师的话

　　《田家四季歌》是这个识字单元里的最后一篇课文,学生通过前面三篇课文的学习,已经掌握了很多识字方法,普老师在前期随文识字,后期游戏环节识字,给了学生充分的空间。学生通过字源识字、拼一拼、拆一拆、换偏旁、找形近字、找形声字,还有对字形进行联想等多种方法,自主识字。学生们自己观察、表述,同学间相互补充,教师适时点评总结,既能活学活用,又调动了学生参与的积极性。

　　这首儿歌在语言上既朗朗上口,又富有古诗的韵味。第一小节"花开草长蝴蝶飞",让人联想起高鼎《村居》中的"草长莺飞二月天",而第二小节中"归来戴月光"一句又似出自陶渊明《归园田居》中的"带月荷锄归"。在朗读方面,普老师借助了图片,再让学生结合诗句和生活实际,以悟带读,以读促悟。在朗读、理解的同时,渗透了课文的背诵任务。

　　普老师重视对学生的评价。教师的评价用语不但能激励学生,同时还有一定的指导性,通过评价对学生的回答进行提示、总结、强调,是有效的评价。

# 中年级童话教学

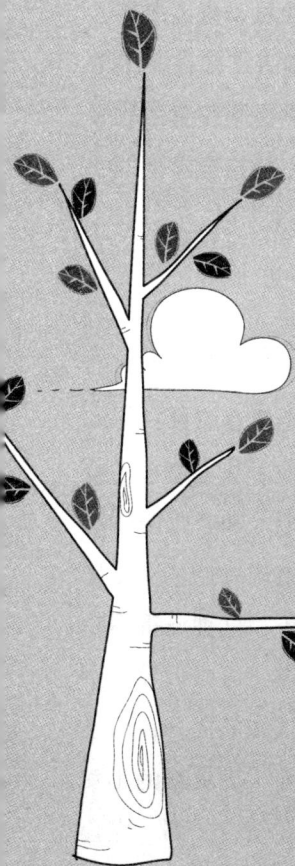

# 第一节　单元导览

本单元的人文主题是"乘着想象的翅膀，游历奇妙的童话王国，看花儿跳舞，听星星歌唱"。本单元有两个语文要素，分别是"感受童话丰富的想象"和"试着自己编童话，写童话"。我们会发现，编者有意识地突出了童话"丰富的想象"这一重要的文体特点。一、二年级中很多课文都取材于童话故事，学生对童话这一体裁有了初步的认识；三年级时，编者把童话安排在一个单元，旨在让学生体会童话故事丰富的想象的文体特点，初步掌握阅读童话故事的方法。基于此，童话单元可以尝试着根据童话文体的共性，并结合学生的学习需要进行单元整合教学。小学童话单元整合教学设计的策略如下：

## 一、遵循童话文体的共性

本单元要搭建整个单元教学的框架，知道童话文体的特点是通过丰富的想象、幻想和夸张来塑造艺术形象、反映生活的。童话形象主要有三种：拟人体童话形象、常人体童话形象、超人体童话形象。童话的表现手法主要包括拟人、夸张、象征等。结合学段和文本，本单元需要学习的是拟人和夸张两种修辞手法，让学生体会童话想象丰富这一特点。接着是童话的结构特点，反复是童话最基本的结构特点，通常反复的情节一再出现，一波三折，这种波折不断地冲击着读者的心灵。教材中选取的四篇文章皆有反复的特点，可以引导学生共同学习，体会其中的乐趣。童话的教学不仅要让学生获得认知的提升，而且要关注学生精神的成长，让学生感受乐观、温情与爱。本单元《卖火柴的小女孩》主旨为善良——同情弱者，《在牛肚子里旅行》主旨为友情，《那一定会很好》主旨为奉献，《一块奶酪》主旨为守纪，几篇文章皆符合童话的本质精神，可以合并学习，温暖学生的心灵，从而区别于其他文体的教学。

## 二、落实要素"感受童话丰富的想象"的方法

教材中，本单元的课后学习提示和交流平台的内容都在提示学生："读童话的时候，能够认识并且受到'童话丰富的想象'的影响，进而随着作者的笔触一起去想象，认识事物的人格特征和情绪变化，感受故事中'人物'经历的惊险或者本领的神奇，从故事情节的变化和人物的思想情感变化中受到积极的情感感染。"本单元编排了四篇课文，分别是《卖火柴的小女孩》《在牛肚子里旅行》两篇精读课文和《那一定会很好》《一块奶酪》两篇略读课文。四篇课文在课后题或课前略读提示中提及的内容，如联系上下文展开想象、代入角色想象读、体会角色心情以及发表对故事中角色的看法等，都是指向"感受童话丰富的想象"这一语文要素的落实。

《卖火柴的小女孩》课后题中："小女孩擦燃了几次火柴？每次擦燃后看到了什么，表达了她怎样的愿望？"这个题目在提示学生跟随作者的文字去想象作者所幻想出来的画面。文中的小女孩每擦燃一次火柴就会产生一次幻景。读童话想象小女孩擦燃火柴出现的幻景，再将其与现实进行对比，就能体会到小女孩内心的愿望，初步体会童话想象的特点。

《那一定会很好》课前提示中："想一想，从一粒种子到阳台上的木地板，它经过了一段怎样的历程？"这个学习提示是在引导学生要随着作者的思路去想象奇妙的情节——种子经历了哪些奇妙的事情，进而体会这历程的奇妙，进一步体会童话丰富的想象。

《在牛肚子里旅行》课后题中："红头的旅行真是惊险。画出它在牛肚子里旅行的路线，再把这个故事讲给别人听。"这个题目是在引导学生跟随作者一起去想象，感受所想象出来的情节的惊险神奇；这是引导学生去想象一个又一个"地点"的奇妙经历，通过对地点变化的把握来感受旅行的奇妙。

《一块奶酪》课前提示中："默读课文，想想课文围绕一块奶酪讲了一件什么事，再说说你喜不喜欢文中的蚂蚁队长，理由是什么。"这个学习提示是引导学生随着作者去想象蚂蚁队长被赋予的人的言语和行为所能够体现出来的品质。蚂蚁队长具有人一样的自我管理、自我约束、关爱他人的品行。

"交流平台"梳理了童话的特点，感受童话丰富的想象的方法及阅读童话的好处。建议根据实际情况创造性地使用教材，可以把"语文园地"板块提前。

## 三、落实要素，读写结合

指向表达的语文要素是"感受童话丰富的想象，试着自己编童话，写童话"，而单元习作则是《我来编童话》。童话的编写是本单元的教学重点。现在学生处于三年级第一学期，正从第一学段的写话阶段过渡到第二学段的习作阶段，仅通过课文的学习来让学生创作出一篇生动、有趣、个性化的童话，几乎是不可能的。基于此，在教学设计过程中，可以将童话创作的各个要素融合进每堂课中，让学生在每节课尝试完成一部分，最后汇总成一篇原创童话故事并修改成型。

总之，通过编排精读、略读、课外阅读三位一体的阅读体系，教者要以童话为载体培养学生丰富的想象力。此设计承接了学生以往的阅读经验，教者要利用好教材，带领学生进一步感受童话文体的特点和阅读的方法，再结合"快乐读书吧"唤起学生阅读的兴趣，这样的设计能够使课内阅读与课外阅读有效地整合和延伸，从而提高学生的阅读能力，让学生爱上童话，爱上阅读。

# 第二节　课堂教学实录

## 《卖火柴的小女孩》第一课时教学实录

官渡区东华二小　张艳玲

**个人简介**

　　张艳玲，云南省罗蓉名师工作坊学员，昆明市第五届罗蓉名师工作室学员。一级教师，官渡区东华二小副校长。先后获得"官渡区教坛新秀""官渡区骨干教师""昆明市骨干教师""昆明市学科带头人""第二届官渡教学名师"等荣誉称号。在教学工作中，她敬业意识强，奉献精神好，课改劲头足，教学成绩优，能潜心研究小学语文教学，大胆探索实施素质教育的途径、方法，在教中研，在研中改，教研相长，积极实践"新课标"，积极参加各种教研活动，承担各类教学公开课、示范课、研究课，参加各种课题研究，撰写教学论文，多篇论文获奖并发表在国家知名刊物上。

## 一、学习导语，了解重点

师：同学们，你们喜欢童话故事吗？（板书童话）

生：喜欢。

师：下面我们来看图猜童话故事。（出示PPT）

生：《拇指姑娘》。

生：《丑小鸭》。

生：《海的女儿》。

师：太棒了，全都猜出来了。善良的拇指姑娘、历经磨难的丑小鸭……我们在读这些故事的时候，和故事中的人物一起欢笑，一起悲伤。安徒生为什么能写出这么美的童话故事呢？让我们一起走进安徒生的童话世界。

**点评：**以兴趣为切入点，调动起学生们已有的阅读感受，体会阅读童话故事的方法，即一边读，一边想象，把自己想象成故事中的主人公，和故事中的人物一起欢笑，一起悲伤。

## 二、谈话导入，简介作者

师：安徒生童话呈现了一个奇妙的童话王国，这是丹麦作家安徒生送给全世界孩子和大人共同的礼物。现在读一下作者简介。

生：（读）安徒生，19世纪丹麦著名的童话作家，被誉为"世界儿童文学的太阳"。安徒生创造了一个奇妙的童话王国。他最著名的童话故事有《海的女儿》《拇指姑娘》《卖火柴的小女孩》《丑小鸭》《皇帝的新装》等。

师：大家对作者是很熟悉的。今天，我们就来学习《安徒生童话》中的《卖火柴的小女孩》，一起来到那个大年夜，来到那个又冷又黑的晚上，去体会小女孩那奇妙的想象吧。

**点评：**由经典的安徒生童话引出安徒生，从而引出大家耳熟能详的童话故事，为阅读本篇课文奠定了方法与情感的基础。

师：请同学们齐读课题。

生：卖火柴的小女孩。

师："柴"是生字，用手画一画，注意怎么写。"柴"的本义是捆束的细木小柴，上面是个"此"，下面是个"木"。可以组词……

生：火柴、木柴、砍柴。

师：请同学们在书本上写两个"柴"字。

师：题目是文章的眼睛。请同学们认真看看题目，告诉老师，这篇童话故事的主角是谁？

生：小女孩。

师：怎么让人知道是小女孩呢？你能通过你的朗读告诉大家吗？

生：卖火柴的小女孩（强调重读）。

师：这是一个干什么的小女孩？

生：卖火柴的。

师：通过读，告诉大家。

生：卖火柴的小女孩（强调重读）。

师：通过读题目，我们知道了，这个故事讲的是谁的故事？

生：卖火柴的小女孩的故事。

师：现在，就让我们打开课本第28页，一起走进安徒生笔下的《卖火柴的小女孩》。

## 三、初读课文，整体感知

师：自由朗读课文《卖火柴的小女孩》，注意要读准字音、读通句子，把难读的句子或段落标出来多读几遍。

生：……

师：注意多音字：喷（pèn）香。

师：自由朗读课文第1自然段，找出故事发生的时间、地点、人物和环境。

师：把时间、地点、人物和环境连起来，结合全文试着填一填下面的内容，然后说一说。

出示：

在又冷又黑的＿＿＿＿＿＿＿＿＿（时间），小女孩赤着脚在＿＿＿＿＿＿＿＿＿（地点）走着，她没有卖掉一根火柴，又冷又饿，坐在一座房子的＿＿＿＿＿＿＿＿（地点）。小女孩擦燃了＿＿＿＿次火柴，她分别幻想到了＿＿＿＿＿＿、＿＿＿＿＿＿、＿＿＿＿＿＿、＿＿＿＿＿＿，最后和＿＿＿＿＿＿。第二天＿＿＿＿＿＿（时间），小女孩＿＿＿＿＿＿＿＿（结果）。

生：在又冷又黑的大年夜，小女孩赤着脚在大街上走着，她没有卖掉一根火柴，又冷又饿，坐在一座房子的墙角。小女孩擦燃了五次火柴，她分别幻想到了温暖的大火炉、喷香的烤鹅、美丽的圣诞树、慈祥的奶奶，最后和奶奶一起飞走。第二天清晨，小女孩冻死在街头。

师：这位同学抓住故事发生的时间、地点、人物和环境，把故事的主要内容清楚、明白地呈现在了我们的眼前。以后我们也可以用这种方法，练习叙述写人的童话故事的内容。

点评：在"初读课文，整体感知"这个模块，充分利用学生学习生字的经验进行自主识字，教师重点指导容易读错的字和多音字，在学生自主学习的基础上加以强调，巩固学生的识字成果。在把握课文主要内容的教学中，先让学生根据任务进行自由朗读，根据问题与框架提取主要信息，完成内容填空，练说课文主要内容，从而突破三年级学生把握课文主要内容的教学难点。

## 四、品读课文，交流感受

师：请同学们认真看看课文情境图，试着说说这是一双_____的手，一双_____的脚，一张_____的脸，这个小女孩是一个_____的小女孩。现在先来说说这是一双_____的手。

生：这是一双瘦瘦的手。

生：这是一双冻得通红的手。

生：这是一双冻僵了的手。

师：能够联系当时的天气来说了，真不错。那么这是一双什么样的脚？

生：这是一双没有穿鞋的脚。

生：这是一双冻得通红的脚。

生：这是一双冻僵了走不动路的脚。

师：是啊，在这样下雪的天气里，小女孩却赤着脚在铺着厚厚白雪的道路上深一脚浅一脚地走着，平时一到冬天我们就穿着厚厚的袜子和温暖的棉靴，此时此刻，你感觉这个小女孩会怎么样？

生：很冷。

生：到了冬天，特别是下雪的时候，我们就会穿着厚厚的袜子和温暖的棉靴。即使这样，我仍会觉得很冷。

师：所以她的小脸是——

生：冻得通红的小脸。

生：冻得冷冰冰的小脸。

师：你觉得这个小女孩——

生：很可怜。

师：我们一起来看看"怜"字，看看怎么记住它。

生：内心觉得她可怜，是竖心旁。

师：这是一个可怜的小女孩，课文是怎么描写她的可怜的呢？细读第1～4自然段，一边读，一边用波浪线画出那些给你留下深刻印象的部分，然后说说你的感受。

生：（读）"在这又冷又黑的晚上，一个穷苦的小女孩，没戴帽子，赤着脚在街上走着。"（说）又冷又黑的晚上，她不能回家，光着脚在外边走着，实在是太可怜了。

生：（读）"她从家里出来的时候还穿着一双拖鞋，但是有什么用呢？那是一双很大的拖鞋——那么大，一向是她妈妈穿的。她穿过马路的时候，两辆马车飞快地冲过来，吓得她把鞋都跑掉了。一只怎么也找不着，另一只叫一个男孩捡起来拿着跑了。他说，将来他有了孩子可以用它当摇篮。"（说）小女孩连自己的鞋子都没有，只能穿着她妈妈的大拖鞋。她跑掉的一只鞋子还被一个小男孩捡起来拿着跑了，小男孩也欺负她，她实在是太可怜了！

生：（读）"小女孩只好赤着脚走，一双小脚冻得红一块青一块的。"（说）这个小女孩在这么冷的天赤着脚走路，一双小脚也被冻得红一块青一块的，她真的很可怜，从头冷到脚。（读）"这一整天，谁也没买过她一根火柴，谁也没给过她一个硬币。"（说）这里出现了两个"谁"，说明当时小女孩身边的所有人根本没有注意到她，能够看出人们很冷漠。

生：（读）"可怜的小女孩！"（说）文章里也是这么说的。（读）"她又冷又饿，哆哆嗦嗦地向前走。"（说）"哆哆嗦嗦"说明她一整天都没有吃东西，"赤着脚"走，又冷又饿，就更说明她可怜了。

生：（说）第4自然段说"她不敢回家，因为她没卖掉一根火柴，没挣到一个钱，爸爸一定会打她的"。我爸爸很爱我，从来都不舍得动我一根手指头，可小女孩怕被她爸爸打，那么冷的天都不敢回家。她有家不能回，实在是太可怜了。我想如果她爸爸能给她一点儿温暖，她也不会在这么冷的天气里在墙角待着，而是选择回家。所以，她不仅身体冷，心里可能更冷，她真是可怜极了。

师：你们太厉害了，句子找得那么准，还谈了自己的感悟。"语言有温度，字词知冷暖"。通过这些语句，联系上下文理解课文内容，我们真真切切地感受到了小女孩所处的自然环境的寒冷，以及社会环境的冷漠，连家庭环境也非常冷漠，这个小女孩真的很可怜。难怪文章里说："可怜的小女孩！"（课件突出）这是谁站出来说话了？

生：是安徒生在说。

师：此时，作者本人也无法抑制自己的情感，从心里流露出这样的感受：可怜的小女孩。瞧，这就相当于批注。

点评："品读课文，交流感受"这个模块一方面是为了完成课后练习第3题的内容，即"和同学交流印象深刻的部分，说说你的感受"；另一方面也是为后面品读想象部分的内容打下基础，让学生学习掌握联系上下文理解课文内容的阅读方法。

## 五、重点品读，感悟想象

师：下面请同学们默读课文第5～9自然段，思考：小女孩擦燃了几次火柴？每次擦燃后看到了什么，表达了她怎样的愿望？

生：小女孩擦燃了五次火柴。每次擦燃后都看到了不同的景象。

生：第一次是温暖的大火炉。

生：第二次是喷香的烤鹅。

生：第三次是美丽的圣诞树。

生：第四次是慈爱的奶奶。

生：第五次是和奶奶一起飞走了。

师：小女孩五次擦燃火柴分别看到了不同景象，她为什么会看到这些东西呢？结合故事内容，我们先来看看小女孩第一次看到的景象，并谈谈你的感受。

生：小女孩第一次擦燃火柴后，看到了一个温暖的大火炉。

师：课文里是怎么说的呢？

生：（读）"小女孩觉得自己好像坐在一个大火炉前面，火炉装着闪亮的铜脚和铜把手，烧得旺旺的，暖烘烘的，多么舒服啊！"

师：小女孩看到的大火炉是什么样的？

生：很漂亮，火很旺，很温暖。

师：你能试着读出这样的感觉吗？

生：（读）"小女孩觉得自己好像坐在一个大火炉前面，火炉装着闪亮的铜脚和铜把手，烧得旺旺的，暖烘烘的，多么舒服啊！"（重点突出大火炉、旺旺的、暖烘烘的、舒服）

师：读得真棒！仿佛把这个大火炉呈现在了我们的眼前。还有谁想和她比比赛，让我们更能感受到火炉的温暖呢？

生：（读）"小女孩觉得自己好像坐在一个大火炉前面，火炉装着闪亮的铜脚和铜把手，烧得旺旺的，暖烘烘的，多么舒服啊！"（读得更有感情）

师：这些景象是小女孩生活中真实存在的吗？

生：不是，是她想象的。

师：是的，是她想象的。现在有人提议：这篇文章实在是太长了，让我们把这些写小女孩想象的句子删掉，让文章简短一些，你们看看，这么做可以吗？

生：（自由对比读）……

生：不可以。因为省略了以后，文章就不精彩了。

师：你为什么说就不精彩了呢？

生：那天小女孩在大街上走着，又冷又饿，她坐到墙角，更是冷得不行。她把卖的火柴抽出一根擦燃，是很犹豫的，但是就是那么一根小小的火柴被擦燃后，却让她感觉到温暖无比。

师：这根小小的火柴真的能产生这么大的能量，让人觉得这么温暖吗？

生：不是的，其实火柴是很小的，燃烧的时间也是很短暂的。

师：同学们看，这就是一根火柴，也许现在不太常见了。为了让大家感受得更直观，老师把它找来了，我擦一根让大家感受一下。

生：老师，这火也太小了吧！

生：我好像感觉不到它有什么温度啊！

生：老师，这一根火柴燃烧的时间也太短了吧！

师：是啊，就是这么一根小小的火柴，可安徒生却说——（指名读）

生：（读）"小女孩觉得自己好像坐在一个大火炉前面，火炉装着闪亮的铜脚和铜把手，烧得旺旺的，暖烘烘的，多么舒服啊！"

师：写这么一段，仅仅是让文章看起来更加精彩吗？

生：我觉得小女孩是因为太冷了，她太想得到温暖了，所以才会看到大火炉。

生：小女孩在生活中特别想得到的东西，只能靠想象，她实在是太可怜了。

师：是啊，小女孩幻想的事物源于小女孩的现实生活，生活中缺少什么就在想象中出现什么，这就叫对比。在鲜明的对比中，我们感觉小女孩很可怜，这就是童话的魅力。下一节课，试着用我们这节课学过的阅读方法，阅读小女孩其他几次擦燃火柴的段落，和同学交流印象深刻的部分，说说你的感受，让我们一起感受童话丰富的想象，感受童话的魅力。

**点评**：注重引导学生根据关键词，采用边读边想象的方法，放手让学生进行小组合作学习，学生很快找到了小女孩五次擦燃火柴的幻象、现实、愿望及结果，接着以小女孩第一次擦燃火柴为范例，引导学生放飞想象的翅膀，感悟童话的丰富想象，为后面关于几次擦燃火柴的内容的学习搭好支架。

### 💬 伙伴的话

《卖火柴的小女孩》是丹麦作家安徒生的经典作品。本文主要讲述了一个卖火柴的小女孩在大年夜冻死在街头的故事。故事情节曲折悲惨，小女孩在五次擦燃火柴后，看到了一次次美丽的幻景，给了同学们非常丰富的想象空间，更能感受到童话的魅力。童话最大的特征是想象。本单元最重要的语文要素就是"感受童话丰富的想象"。本文作为开篇之作，教师应引导学生感受童话丰富的想象，思考小女孩每次擦燃火柴看到的幻象反映了她怎样的愿望。在教学上可以采取长文短教、难文浅教的教学策略。

## 罗老师的话

统编教材将《卖火柴的小女孩》这篇经典的长文编排在三年级，确实有一定难度。要怎么教？首先要吃透教材，根据教材的单元语文要素、文本特点以及学生的学习情况、认知水平，提炼最有价值的学习内容，准确制定教学目标。

从教材纵向关联和单元教材横向关联来看，注意前后勾连，准确把握统编教材的特点，在单元"语文要素"的统领下，课文、课后习题、词句段运用、交流平台、习作、快乐读书吧是作为一个整体来安排的。不仅如此，单元之间、年级、学段、全套教材的整体都很清晰，需要系统理解、准确把握。

注意把握课型特点和课时特点，一课一得，巧搭支架，要符合学生的最近发展区，使学生跳一跳就能摘到桃子，让学生经过思考或教师指导就能够读懂，让学生的学习真实地发生，切忌贪多求全，力求让学生不怕读长一点的文章、难一点的文章，为高年级的学习打下基础。

# 《那一定会很好》课堂实录

盘龙区云波小学　张玲

**个人简介**

张玲，任教于云波小学，罗蓉名师工作室跟班学员，一级教师。自参加工作以来，撰写的教育论文多次荣获国家级、省市区级一等奖，被评为盘龙区"教坛新秀"、盘龙区"优秀中队辅导员"、"文明班班主任"以及"优秀教师团干"。

## 一、导入

师：同学们，上节课，我们走进了安徒生的童话世界。这节课，老师将带领同学们走进作家流火的童话世界。

生：（齐读课题）那一定会很好。

师：如果注意停顿，你们会读得更好（出示PPT：那一定会很好），谁想试一试？

生：那一定会很好。

生：那一定会很好。

师：读出了期待的美，全班一起读。

生：（齐读）那一定会很好。

师：通过观察课题，你有什么发现？

生：我发现它是略读课文，因为它的课题上有个"*"。

师：真是善于观察的孩子，还有呢？

生：它的题目下面还有阅读目标，之前的课文都是在每课的后面有课后习题。

师：真是一个会学习、会对比的孩子。学习略读课文，你有什么好方法吗？

生：默读课文，然后根据阅读目标来学习。

师：你是一个善于总结方法的孩子，说得很准确。

**点评**：本篇是三年级学习的第三篇略读课文，通过对之前一篇文章的学习，学生对略读课文的学习方法有了初步了解，本课开课就以回顾总结方法为主，巩固学习略读课文的方法。

## 二、初感童话的神奇

师：老师自己也写了写这个小故事，下面请同学们默读老师写的故事，想一想，故事里讲了什么？（PPT出示默读要求）

生：讲了小种子变成了大树，又变成了手推车，又变成了椅子，最后变成了木地板的故事。

师：主要内容抓住了，如果运用上"首先、然后、接着、又、最后"这样的词，会让你讲的故事更流畅。谁想试一试？

生：讲了小种子首先变成了大树，然后变成了手推车，接着变成了椅子，最后变成了木地板的故事。

师：讲得完整而流畅，看来这些词真是你的好帮手呀！下面请同学们翻开语文书第33页，默读课文，读完后，说一说，你喜欢这篇课文吗？为什么？（PPT出示默读要求）

生：我喜欢这篇课文。因为作家写得很生动。（教师板书：生动）

师：有自己的感悟。还有哪位同学愿意分享？

生：我也喜欢这篇课文。因为作者把小种子当成人来写，小种子有自己的梦想。

师：阅读中得有思考，作者把种子拟人化了。还有呢？（教师板书：拟人化）

生：我也喜欢这篇课文，因为小种子的愿望每次都实现了，它很幸福。

师：有想法，童话总是那么美好。（教师板书：美好）

师：同学们，看来你们都非常喜欢这篇童话，老师也一样。下面请同学们默读阅读目标，找一找有几个要求。

生：一共有两个要求，第一个是"想一想，从一粒种子到阳台上的木地板，它经过了一段怎样的历程"，第二个是"试着用自己的话说一说"。

师：找得很准确，有同学做补充吗？

生：还有首先要默读课文。

师：筛选信息非常仔细，值得我们学习！下面请同学们默读课文，用波浪线勾画出小种子每次的想法。（PPT出示默读要求）

师：下面请同学们来说说你找到的小种子的想法。

生："种子想，'我一定要站起来，大口大口地呼吸空气，那一定会很好。'"

师：找得准确。你是怎么知道这是小种子的想法的呢？

生：因为它写着"种子想"。

师：真是一个会读书的孩子，借助提示语来找是一个好方法。还有呢？

生："'要是能做一棵会跑的树，那一定会很好。'树这么想着。"

师：你找到的提示语是？

生：是"树这么想着"。

师：真聪明，会用方法。

生："'要是我能停下来，坐着休息一会儿，那一定会很好。'手推车一边这么想着，一边费力地跑来跑去。"

师：同学们，你们一起说一说提示语是什么？

生：（齐读）"手推车一边这么想着"。

师：我们班的孩子真会用方法学习，这样学起来不费力！最后一个想法是什么？

生：（齐读）"要是我能躺下，那一定会很好。"

师：你们越来越会学习了，真棒！小种子像人一样有愿望，那它的愿望都实现了吗？都变成了什么呢？再次默读课文，完成作业单。

师：下面老师请一位同学上来贴一贴"我的作业单"。

生：它首先想变成树，变成大树后，它又变成了手推车，接着又变成了椅子，最后变成了木地板，但是它感觉自己又变成了大树。

师：你在台上有模有样，真像一个小老师！你们也同意他的答案吗？

生：同意。

师：下面请根据自己的作业单，和同桌讲一讲这个故事。

师：现在谁想试一试？

生：小种子刚开始想成为一棵大树，然后它想跑起来，就变成了手推车，接着它想休息一会儿，就变成了椅子，最后它老了想躺下，就变成了木地板。当它变成木地板躺在阳台上时，它感觉自己又变成了一棵树。

**点评**：本板块抓住本单元语文要素，通过读缩减的课文让学生对比初感童话的特点，激发学生学习兴趣的同时，让学生初感童话的魅力。接着让学生默读文章完成作业单，能抓住支架简单讲述小种子的愿望和每一次愿望的实现。

## 三、体会童话的神奇

师：小种子的愿望都成真了，请同学们默读第1～3自然段，找一找它每一段旅途中都有哪些神奇的经历。

生：它在泥土里的时候像婴儿一样缩成一团，还有它努力生长。

师：孩子，你真会描述！还有吗？

生：它还钻出地面，站在阳光下，像个人一样笔直地站着。

师：是呀，说得形象而生动，老师想象到了。下面我们继续探索它的神奇之路，请默读第4～6自然段，找一找，找到就举手。

师：同学们的速度越来越快，请你说！

生：它能看到很远的地方，还能看到人和动物在山路上走来走去。

生：它遇上了农夫，被砍倒拖回去做成了手推车，它的愿望实现了。

师：孩子们，你们太会读书了。为什么觉得神奇呢？

生：因为太巧了，它正好就遇上了农夫。

师：童话总是那么美好。还有呢？

生：它像人一样能看到东西，我觉得很神奇。

师：孩子们，看来你们越读越入迷了。请同学一直读完，继续找你觉得神奇的经历。

生：它变成手推车后在路上跑，它觉得很舒服，像人一样有感受。还有它老了骨头会响，吱吱嘎嘎，像人一样。

师：越来越会分享你们的感受了。还有呢？

生：它变成椅子以后老了，挺直腰背坐着都很吃力，像爷爷奶奶一样。

师：真是善于观察的孩子，是呀，它的身体不如从前了。

生：最后它真的老了，就被做成木地板铺在地上了，它觉得很舒服，同时它还觉得自己又变成了一棵树。

师：读得很仔细，为什么它觉得自己又变成了一棵树？

生：因为它那个时候很舒服，可能想起了自己年轻时候的事。

师：老师真喜欢你的想法，看来你很了解爷爷奶奶们的想法，他们也总能想起自己年轻时候的事。

师：小种子的一生到这里就结束了，请同学们以四人小组的形式，再讲一讲这个童话故事。

师：同学们再默读一遍课文，想一想，小种子拥有怎样的一生？为什么？

生：小种子拥有幸运的一生。因为它每次想实现愿望的时候，都有人会帮助它。

生：小种子拥有幸福的一生。因为它的所有愿望都实现了。

生：小种子拥有向上的一生。因为它在很努力过好自己的每一天，而且它对自己有很多期望。

生：小种子拥有快乐的一生。因为它的愿望都实现了。

师：孩子们，你们的词汇真丰富，准确地形容了小种子的这一生。

**点评**：本板块让学生通过自主默读、交流分享的方式去体会童话的特点，在简单了解故事内容的基础上加入了童话的色彩，丰富了故事内容，让学生在讲童话故事的训练上有一个提升。同时在读完童话后，以一句话的方式让学生谈一谈感受和体会。

## 四、运用童话的神奇

师：同学们，读完这个童话故事，你对童话有了什么新的感受呢？请到黑板上写一写。（有趣、美好、人物丰富、想象力丰富、快乐）

同学们，这些词就是童话的特点，正因为它具有那么多的特点，所以才吸引了我们，读完总是让人感觉意犹未尽。木地板躺在阳台上舒展着身子时，又觉得自己变成了一棵树。孩子们，充分发挥你的想象力，如果它有了新的人生，又变成了一棵树，又会有怎样的经历？请和你的同桌讲一讲。

生：它变成大树后，一天，国王外出野炊时发现了它，就命令大臣把它砍了下来，做成了王宫里的橱柜。过了很多年后，橱柜慢慢破旧，它就被拆下来分成一块一块，用来装点皇宫。

师：你的童话充满了奇妙的想象，还出现了其他人物，其他角色的出现改变了故事的发展脉络，也为故事增添了不少色彩，看来角色很关键，老师喜欢你的故事！

生：它变成大树后，被一个小和尚发现了，大树心里还纳闷儿，小和尚会用它做什么呢？原来小和尚把它拖回寺庙做成了木鱼。它日复一日年复一年地为小和尚服务着。它想：我身上好疼呀，身上都有裂痕了，如果能让我休息休息，那该多好呀！它这么想着，小和尚就把它挖空做成了香炉。

师：孩子，你的想象充满了禅意，想象力真丰富！你用上了人物的心理描写，把所思所想也说了出来，让文章充满了趣味性，值得我们学习！

生：它变成大树后，它想一定要做一棵对社会有用的树，它等待着人们发现它。终于有一天，海上搜救队的队员来了，他们想乘木筏去清理海上的垃圾。他们把大树砍倒后，用斧头砍成一条一条的做成了木筏，用多余的木头做成了船桨并拖到海边放到了海里，它高兴极了，自己终于可以为人类做贡献了！

师：你真是一个头脑灵活的孩子，运用了动词去描写做木筏的过程，童话也因此有趣了起来。

孩子们，你们越讲越好了，加上和故事相关的人物角色，以及人物的心理活动、丰富的动作描写，你们的童话故事也会写得像作者写的一样好！回家把你们的童话都讲给爸爸妈妈听一听吧！希望你们都像小种子一样拥有自己的梦想，成为会说话、有想法、有追求的孩子，用你们独特的想象力让童话开出属于你们自己的花朵！

**点评**：本板块在学生能讲出童话故事并体会童话特点的基础上，再谈自己对童话的新感受。通过续编故事，充分调动学生们的想象力；通过教师的提示，讲好童话故事。同时，也为习作《我来编童话》的学习做好了铺垫和衔接。

### 💬 伙伴的话

这是本单元的第二篇文章，通过上一篇文章的学习，学生对童话这一体裁有了一定的感性认识。这篇略读文章除了要求学生在巩固默读学习方法的同时，要让学生体会从一粒种子到阳台上的木地板，它经过的一段生命历程。本课通过对课文内容进行缩减，通过对比阅读文章的方式，让学生初步体会童话的趣味，激发学生的学习兴趣，逐步引导学生体会童话的特点，并尝试续编童话，为习作做铺垫。

### 👤 罗老师的话

《那一定会很好》是本单元的第二篇童话，它是一篇略读课文。精读学方法，略读用方法；精读是准备，略读就是应用。怎么衔接和应用这两者值得我们认真思考。单元里文章之间的勾连越密切，学生学习的整体性和知识的整体性就越强。

上一篇文章是《卖火柴的小女孩》，课后习题初步让学生感受到了童话的美好，并就学生印象深刻的部分谈一谈。而本课是一粒种子的愿望，更具有童话的特点，旨在引导学生进一步体会童话丰富而奇特的想象，让学生迁移上一课的学习方法找小种子的愿望和经历，体会从一粒种子到阳台上的木地板的生命历程。

本节课巧妙将童话缩减成一篇文章，让学生通过对比阅读去感受童话的特点，通过阅读这篇童话，引领学生讲故事并交流看法，进而体会童话的特点，最后让学生尝试续编童话故事，为本单元的习作编写童话故事做积累和铺垫。

# 《在牛肚子里旅行》课堂实录

云南师范大学附属世纪金源学校　金睿

**个人简介**

金睿，罗蓉名师工作室跟班学员，云南师范大学附属世纪金源学校中小学高级教师。先后获得昆明市"优秀少先队辅导员""官渡区骨干教师""昆明市名班主任""红云红河园丁""云南师范大学先进三育人个人"等荣誉称号。执教的《掌声》一课获全国中小学"学科德育精品课程"。撰写的《给他一个最像天堂的地方》获得云南省首届中小学德育实践优秀案例。执教的《黄河的主人》被评为"一师一优课"省级优课。撰写的多篇教育论文发表并获奖。

## 一、激趣导入，读好字词

师：今天老师带来两只小蟋蟀，（出示插图）想象一下，它们会在一起干什么？

师：儿童作家张之路也写了一个关于两只蟋蟀的故事，齐读课文题目。

生：在牛肚子里旅行。

师：（出示课件：古代的"旅"字）这是古代的"旅"字。指众人聚集在军旗下，是军队的一种编制，后指人在外地作客。请跟老师书空"旅"，"旅"的右边最后两画，先写撇，再写捺。（教师板书：旅）这是今天的生字，请大家在田字格里写两个，并记住它。

师：课文里有几个多音字，让我们根据词语读准字音。

出示：回答、答应、应该；骨头、一骨碌。

生：（读词语）

师：你读得很好，字音准确，声音洪亮。现在全班齐读一遍。

生：（齐读）

**点评**：以童话想象的特点为切入点，让学生从故事角色入手发挥想象，自信、自由、自然地进入童话学习。

## 二、整体感知，粗知大意

师：多音字难不倒你们，快把这些词语带到课文中去读读。看看张之路爷爷写了一个怎样的故事。注意要读准字音，读通句子，把难读的句子多读几遍。

生：（自由阅读课文）

师：你觉得张之路爷爷写的故事怎么样？

生：很奇妙，很惊险。

师：他讲了一个怎样的故事？你能把人物融入故事里去讲讲吗？

两只蟋蟀在_____，_____不小心_____。在_____的帮助下，_____成功从牛肚子里_____。

生：两只蟋蟀在草堆里捉迷藏，红头不小心被大黄牛吃进了肚子里。在青头的帮助下，红头成功从牛肚子里逃出来了。

师：你把故事情节讲得很清楚。

**点评**：初步感受本篇童话中红头旅行的惊险。用填空的方式，让人物回到故事情节中去，给学生把握故事大概内容提供了"支架"。

## 三、细读文本，感受童话

师：老师把概括故事的三句话变成了三个词。

"捉迷藏、遇险、脱险"，你觉得哪个部分最精彩？

生：遇险。

师：是呀，这趟牛肚子里惊险的旅程，红头去过哪些地方？默读课文第7～19自然段的遇险部分，把红头去过的地方圈出来，然后四人小组讨论红头的旅行线路。

牛嘴 $\Longrightarrow$ （　　　）$\Longrightarrow$（　　　）$\Longrightarrow$ 牛嘴 $\Longrightarrow$ 喷出来

生：我们分别填了"第一个胃""第二个胃"。

师：大家同意吗？谁来黑板前贴词，并用箭头标注红头的旅行？（学生在贴有牛肚子解剖图的黑板上贴词，用红色箭头标注红头的旅行线路）

师：你贴得位置准确，标注得清晰明了，说明你读书很仔细。你还能用"先……接着……然后……最后……"说一说红头的旅行线路吗？

生：红头先被卷进了牛嘴里，接着和草一起进了牛的第一个胃，然后红头从第一个胃移动到第二个胃，最后回到牛嘴里，被喷了出来。

师：用了表示先后顺序的词，你把红头的旅行讲得清楚且有条理。

看，两只小蟋蟀在一起的活动，作者把它写得一波三折。遇险部分的旅行如此曲折精彩，难怪作者创作的童话这么吸引人。

好的童话情节要曲折（教师板书：情节曲折）。

**点评**：红头的旅行线路图是文章最精彩的部分，一波三折，线路图的绘制过程是对故事结构框架的把握过程，是解读本文的关键，也是厘清科学童话中"反刍"知识的依据。用"牛肚子解剖图"进行线路呈现，并让学生进行标注，如同让学生在牛肚子里走了一趟，感受比较直观。找到红头去过的地方，对三年级的一部分学生来说，会有一定难度，所以小组讨论必不可少，可以让学生们在自己提取信息的基础上，互相交流，互相启发，从而突破难点。

师：多么神奇的旅程！红头怎么可能从第二个胃回到牛嘴里呀？

生：因为牛肚子里有四个胃，前面三个是贮藏食物的，只有第四个胃才是管消化的。

师：认真读书的你，发现真不小。谁还有补充？

生：在牛休息的时候，它会把吞进去的草重新送回嘴里，然后慢慢细嚼。

师：同学们在书中找到了依据，说得都很好，谁来读读"科学加油站"？

（PPT相机出示"科学加油站"，引导学生理解"反刍"）

生：牛吃草时，先不细嚼，而是把草吞进肚子里，等休息时，再把吞进去的草料送回到嘴里，细嚼慢咽。这样的进食现象叫"反刍"。羊、长颈鹿也会这样进食。

师：像这样将科学知识融入童话故事里的文章就是"科学童话"。有了科学知识，不可思议的情节就显得合理了！（教师板书：想象合理）好的童话想象要合理。

**点评**：科学童话的特点是具有知识性。对于不容易理解的知识点，通过在课文内寻找信息进行解释和"科学加油站"的补充，这个难点就能迎刃而解。

师：看，老师把一位同学复述的故事记录了下来。如果故事这么写，你还喜欢读吗？（PPT出示浓缩版故事）

生：不喜欢，不精彩了。

师：比起原文少了什么？

生：人物对话。

师：对话是这篇童话的精彩部分，让我们一起去读读青头和红头的对话吧！同桌合作，一个人找红头说的话，并画上横线，另一个人找青头说的话，并画上波浪线。然后，两人一起读一读。

师：谁愿意读这组对话？

出示句子：

"救命啊！救命啊！"红头拼命地叫起来。

"你在哪儿？"青头急忙问。

师：你觉得红头此时的心情怎么样？

生：特别紧张、害怕。

师：从哪里看出来的？

生："拼命地"。

师：你真厉害，会通过提示语体会人物的心情。青头的话又应该怎样读？

生：我看见"急忙问"就读得着急一些。

师：你也读出了青头着急的心情。

师：看来，关注提示语就能准确把握人物的心情，从而读好对话。

在红头与青头的对话里有很多提示语，把它们圈出来，想一想，再读一读对话吧!

（展示读：女生扮演红头，男生扮演青头，老师读旁白）

师：从我们的朗读里，你们感受到了什么？

生：感受到了红头遇险时，青头一直陪伴着它，跟着它一起着急，一起想办法。

师：它俩真是一对——

生：好朋友。

师：从课文里哪些地方可以看出青头和红头是"非常要好的朋友"，快速读读课文，找一找。

生：红头被吃进牛肚子里，青头很着急。

师：急朋友所急，这是一对好朋友。

生：红头害怕极了，青头不顾身上的疼痛，一骨碌爬起来。还告诉红头牛肚子里有四个胃，第四个胃才管消化，要等机会逃生。

师：想朋友所需，它俩是一对好朋友。

生：红头已经一动也不能动了，青头冒着危险去蹭牛鼻子，让牛打了个喷嚏，红头才被喷出来的。

师：奋不顾身地救朋友，它俩真是一对好朋友。

生：红头从牛肚子里出来后，看见自己的朋友，高兴得流下了眼泪，青头笑眯眯地安慰红头，看得出来青头很关心红头。

师：看到朋友脱险，自己也高兴，它俩真是一对好朋友。

师：同学们说得都很好！读书能边读边思考，书就越读越有味道。

让我们一起补充句子，连起来说一说，再次感受红头旅行的惊险，以及好朋友间的温暖情谊。

（出示PPT，学生补充在不同的情况下青头是怎样做的）

生：当红头在牛嘴里大叫"救命"时，青头急忙地找红头。

生：当红头在牛肚子里哭时，青头想办法救红头。

生：当红头从第一个胃到第二个胃移动时，青头告诉红头不要放弃。

生：当红头重新回到牛嘴里，一动也不能动时，青头去蹭牛鼻子来救红头。

生：当红头出来后，青头很高兴，还安慰它。

师：这份不离不弃的真挚友谊，使童话变得温暖美好！（教师板书：美好的情感）好的童话都有美好的情感。

**点评**：抓住人物语言，让学生慢读细品，体会情节发展。聚焦提示语，感受角色心情。达到"授之以渔"的目的，让学生在课堂上学到朗读的方法，并能迁移运用，提高阅读文本的能力。

## 四、总结知识，探寻写法

师：课就上到这儿，如果再让你编童话，你有什么好主意？

生：可以增加曲折的情节。

生：可以加入丰富的想象，但是要合理。

师：有了"曲折的情节""合理的想象""美好的情感"，相信你们以后编的童话会更精彩！

师：老师有一首儿歌要送给大家，大家一起读："童话编写有绝招，曲折情节少不了，合理想象添精彩，美好情感动人心。"

**点评**：学习结束，学生交流所得，总结童话的写作技巧，再用儿歌的形式加深印象，为本单元的编写童话做好铺垫。

### 💬 伙伴的话 ●————————

《在牛肚子里旅行》是一篇有趣的科学童话，讲述了捉迷藏时，小蟋蟀红头不小心被牛吃到了肚子里，一起玩耍的青头运用科学知识帮助它脱险的故事。因为这篇课文既有童话的趣味性，又普及了科学知识，所以，梳理牛反刍的科学知识，感受童话故事丰富的想象是重点。教学中可以引导学生抓住关键词句，借助图画，画一画红头在牛肚子里旅行的路线图；抓住对话的提示语，感受人物形象，读出相应的语气；品读重点语句，想象画面，感悟好朋友间深厚的情谊。

## 罗老师的话

　　单元整体教学要读好单元导读，看清单元课文的布局安排，区分好教学侧重点。本单元语文要素有两个：第一，感受童话丰富的想象；第二，试着自己编童话，写童话。《在牛肚子里旅行》作为本单元第三篇课文，重在从读向写的迁移，渗透写作指导，为本单元的编写童话打下基础。"阅读是写作的逆向"，教学从"如果有两只小蟋蟀，你如何编故事"入手，引导学生琢磨作者张之路编了个什么样的童话，要怎样才能编好这个童话。当学生了解了作者的匠心所在，阅读理解就会更深入，体会也会更深刻。教学这篇文章，教师要紧扣课后习题展开教学，让学生在阅读中感受写法，在阅读中发现"曲折的情节""合理的想象""美好的情感"，让童话故事更精彩，给写作带来启示。

# 《一块奶酪》教学实录

盘龙区东华小学　李牧

**个人简介**

　　李牧，盘龙区东华小学语文教师，一级教师，昆明市教坛新秀、盘龙区教坛新秀，盘龙区优秀教师，盘龙区优秀团干部，文明班班主任、优秀中队辅导员。在全国统编版语文教材课堂模拟教学展评活动中荣获小学组一等奖。教学设计《少年中国说》获全国一等奖。在云南省教师模拟课堂评比展示活动中荣获优秀奖。荣获"盘教杯"语文教学竞赛一等奖。在省、市、区论文竞赛中荣获佳绩。

## 一、谈话导入，设疑激趣

师：同学们，二年级时，我们学过哪篇关于奶酪的故事？

生：《狐狸分奶酪》。

师：今天，我们又将学习一篇和奶酪有关的童话故事，抬起小手和老师一起板书课题。全班齐读课题。

生：（齐读）一块奶酪。

师：看到这么香的奶酪，小蚂蚁们是怎么想的又是怎么做的呢？我们一起到课文中寻找答案吧！

**点评**：由所学过的童话故事导入，让学生对新一篇有关奶酪的童话故事充满好奇心，为新课的学习营造氛围，打下基础。

## 二、初读课文，整体感知

### （一）明确要求，自学课文

师：这是一篇略读课文，正文前面有一段学习提示，请大家自由读一读，看看提示中给我们提出了怎样的学习要求。

生：默读课文，想想课文围绕一块奶酪讲了一件什么事，再说说你喜不喜欢文中的蚂蚁队长，理由是什么。

师：现在请同学们打开语文书第38页，自由朗读课文。借助拼音，读准字音，读通课文，并完成"学习提示"的第一项要求：想想课文围绕一块奶酪讲了一件什么事。

### （二）学习字词

师：读完之后，相信这些词语一定难不倒你们。谁来给我们读一读？如果他读对了，全班就跟读。

生：宣（xuān）布　诱（yòu）人　犹豫（yù）　跺（duò）脚
　　处（chǔ）罚　稍（shào）息

师：去掉拼音后，男生读一遍，女生读一遍。

师：这些词语中藏着多音字，你们知道是哪一个吗？

生：是"处"和"稍"。

师：那你能给它们分别组个词吗？

师：（出示"处"字两种读音的字典义项，引导学生发现）"处"在"处罚、处理"等词语中读 chǔ；在"别处、到处"等词语中读 chù。强调"稍"在"稍息"中读 shào，在"稍等"等词语中都读 shāo。

师：你们可以联系生活实际用"稍息"和"稍等"说一句话吗？

生：稍息，立正！向后转。

生：我现在有点儿忙，请您稍等一会儿。

### （三）梳理故事内容

#### 1. 问题引导，简述大意

师：故事主要写谁？（教师板书）

生：蚂蚁队长。

师：它们在干什么？

生：它们在搬运奶酪。

师：结果怎么样？

生：它们成功将奶酪搬回了洞里。

师：你们可以根据老师的提示来说一说这篇课文主要讲了一件什么事吗？

蚂蚁们一起搬运_____，蚂蚁队长宣布了_____，在搬运中发现_____，经过激烈的心理斗争，蚂蚁队长让_____吃掉了这点儿奶酪渣，最后它们_____，奶酪很快被搬进洞里。

生：蚂蚁们一起搬运一块大奶酪，蚂蚁队长宣布了禁令，在搬运中发现奶酪掉了一点儿，经过激烈的心理斗争，蚂蚁队长让最小的蚂蚁吃掉了这点儿奶酪渣，最后它们齐心协力、团结一致，奶酪很快被搬进洞里。

师：如果将课文分为三个部分，你认为可以怎么分？

生：搬运前、搬运中、搬回洞里。

**2. 事件梳理，细化内容**

师：在搬运奶酪的过程中，蚂蚁队长做了哪些事情？请用横线勾画下来。

生：搬运前：宣布禁令。搬运中：发现奶酪；拽掉奶酪一角；支开同伴；命令最小的蚂蚁吃掉了的那点儿奶酪渣。搬运后：干活劲头更足，奶酪很快被搬进洞里。

**点评**：抓住阅读提示，首先要让学生围绕一块奶酪说课文的主要内容，在第一遍朗读后，解决生字词难关，再给学生搭起支架，沿着搭好的支架，训练学生的概括能力和口语表达能力。再了解故事可以分为三个部分，学生依照文章脉络归纳其中所发生的事情，困难就会迎刃而解。

## 三、角色表演，体会心理

师：在搬运前，蚂蚁队长和蚂蚁们进行了这样一番对话，我想请三名同学分别来当一当蚂蚁队长和蚂蚁们，到讲台前来读一读。

生："蚂蚁队长集合好队伍，向大家宣布：'今天搬运粮食，只许出力，不许偷嘴。谁偷嘴就要处罚谁。'"

生："一只小蚂蚁在队列里嘀咕：'要是偷嘴的是您呢？'蚂蚁队长说：

'照样要受处罚。'"

生："大家一听,都来劲了,争先恐后赶到运粮地点,抢着抬大的,搬重的,谁也不愿偷懒。"

师：大家觉得他们读得怎么样?

生：感觉不够生动。

师：那你觉得应该怎样读,加入一些什么,会读得更生动?

生：可以加入一些表情,再加入一些动作,还有语气要读出来。

(根据评议再次表演)

师：这次读得怎么样?

生：读得更加生动了,感觉小蚂蚁都出现在了我们眼前。

(学习课文第4～13自然段,体会蚂蚁队长在搬奶酪过程中的心情)

师：我们接下来看看又发生了什么,我想请一名同学来读一读这一部分。

生：在搬运奶酪的时候,奶酪掉了一点儿渣。

师：那这个时候蚂蚁队长的心情是怎样的?

生：紧张。

生：七上八下。

师：谁来尝试读出它内心的七上八下?

师：就在它内心七上八下的时候,它是怎么做的?我们接着往下看。它的心情发生了什么变化?

生：它有点儿犹豫。

生：它犹豫不决。

师：我想请一名同学来读描写蚂蚁队长的部分,全班同学读旁白,读出蚂蚁队长的心理变化。

师：最后它想到了一个什么办法?

生：把奶酪渣给最小的蚂蚁吃。

师：所以此刻它的心情是怎样的?

生：不犹豫了。

生：坚定的。

**点评**：蚂蚁队长是主人公。教学中设置环环相扣的问题,引导学生关注人物的语言、动作、神态，并带上感情进行朗读，再走进人物的内心，分析在搬运过程中蚂蚁队长的心情经历的三种变化。人物形象在学生的心里自然而然就丰满起来。

### 四、聚焦人物，交流品评

师：我们发现，在搬运过程中，蚂蚁队长的心情发生了很大的变化。你喜欢文中的蚂蚁队长吗？理由是什么？四人小组合作讨论。

生：我喜欢蚂蚁队长，因为尽管它很想吃奶酪渣，但还是以身作则，遵守不贪嘴的禁令。

生：我喜欢蚂蚁队长，因为它爱护弱小，让最小的蚂蚁吃掉美味的奶酪渣。

生：我不喜欢蚂蚁队长，因为它发布指令时过于威严，不够亲切。

师：看来多数同学都喜欢蚂蚁队长，它真是一位以身作则、爱护幼小、遵守纪律的队长啊！

师：它是怎么说的，怎么做的，或是怎么想的，让你觉得它是这样的人？

生："一只小蚂蚁在队列里嘀咕：'要是偷嘴的是您呢？'蚂蚁队长说：'照样要受处罚。'"

生："这时，奶酪旁边只有蚂蚁队长，它要是偷嘴，谁也看不见。它低下头，嗅嗅那点儿奶酪渣，味道真香！可是，它犹豫了一会儿，终于一跺脚：'注意啦，全体都有。稍息！立正！向后——转！齐步——走！'"

师：找得非常准确，说得也很棒，相信你们一定走进了人物的内心。

师：一本无人翻阅的书，因为一只小小蚂蚁的到来，而让整本书里的文字全都变成了会走路的字，走进王一梅的童话《书本里的蚂蚁》，你会发现一只另类的蚂蚁，一个崭新的世界。

点评：在了解人物之后，要将第二个阅读要求落到实处，让学生充分发表自己的观点，说出喜欢或是不喜欢蚂蚁队长的理由。在小组合作讨论后，学生能够进行更多的思考，表达能力也得到了锻炼。最后的推荐书目，让学生对童话故事的兴趣再次得到升华。

💬 **伙伴的话** •————

　　这堂课，李老师将课堂还给了学生，问题设置到位，在李老师的引导下，每个学生都成了文中的小蚂蚁，从而走进了人物的内心，体会到了蚂蚁队长在搬奶酪的过程中的语言、动作、神态，并感受到了它心情的变化，朗读精彩，打动人心，能够畅所欲言说出自己喜欢或不喜欢蚂蚁队长的理由。在整个学习过程中，学生们是积极的，思维是灵活的。童话故事的特点得到了彰显，使这堂课充满了魅力。

👤 **罗老师的话** ▪

　　《语文课程标准》明确指出，中年级的学生要能清楚明白地讲述见闻，并说出自己的感受和想法，能具体生动地讲述故事，努力用语言打动他人。李牧老师很注重学生说的训练，在教学这一课时，李老师搭建了支架，让学生自己说一说这篇课文主要讲了一个什么故事。在教授课文内容时，李老师给予学生时间充分朗读，理解词语环节设计巧妙，用连线的形式启发学生兴趣。《语文课程标准》中也提出："学生是学习和发展的主体，教师是学习活动积极的组织者和引导者。语文教学应该以学生自读自悟、自学探究为基础，大力提倡自主、合作、探究的学习方式，充分发挥师生双方在教学中的主动性和创造性。"基于这个教学理念，李老师在教学《一块奶酪》中设计了"在读中理解，在读中感悟"的方法进行教学，问题设置巧妙，层层递进，让学生体会蚂蚁队长和小蚂蚁在搬奶酪的过程中的语言、动作、神态，感受到童话故事中的人物是栩栩如生、活灵活现的，并让学生合作演一演，激发学生的兴趣，最后让学生合作讨论是否喜欢蚂蚁队长，并说明理由，充分训练了学生的语言表达能力。整堂课，童话故事特点明确突出，学生学有所得，值得聆听。

# 《我来编童话》教学实录

师专附小　胡蓉

**个人简介**

　　**胡蓉**，昆明师专附小语文教师，昆明市罗蓉名师工作室学员，曾获得云南省优课名师、昆明市学科带头人、昆明市骨干教师、昆明市教坛新秀、五华区学科带头人等称号；获教育部"一师一优课"部级优课、云南省统编版小学语文课堂教学竞赛一等奖、云南省古诗词教学竞赛一等奖等荣誉。

## 一、回顾主题，激趣导入

（谈话导入）

师：同学们，这段时间，我们一直徜徉在童话王国里，你一定还记得这些神奇的童话故事吧？

生：《卖火柴的小女孩》。

生：《在牛肚子里旅行》。

生：《那一定会很好》。

生：《一块奶酪》。

师：这四个童话故事，你最喜欢哪个？哪些地方留给你的印象最深刻？

生：我喜欢蚂蚁队长，因为它非常勇敢机智。

生：我喜欢《那一定会很好》，从一粒种子到木地板的经历很神奇。

师：在童话中，不管主人公是动物、植物，还是没有生命的橡皮、铅笔，都能说，能笑，能思考问题。

生：《在牛肚子里旅行》中，红头的旅行过程十分有趣。

师：故事的情节让你喜欢，红头竟然在牛肚子里旅行。你们还喜欢哪个故事？

生：我喜欢《卖火柴的小女孩》，她十分可怜，也十分善良。

师：你发现了童话故事的真善美，童话故事往往能给我们一些启示。

**点评**：由本单元童话故事引入，创设童话故事创编情境。让学生充分利用旧知学习，进行系统认知建构，为本课创编童话故事奠定了必要的理论基础。

## 二、明确要求，初步构思

师：孩子们，我们来读一读习作要求吧。

生：本次童话故事要从所给词语中任选一个或几个编一个童话故事。

师：你也想来编一个童话吗？（课件出示课题：我来编童话）

生：想。

师：考一考大家谁是火眼金睛，看看书中的三组词，同桌之间读一读，看看你们有什么发现。

课件出示词语：国王　黄昏　厨房

啄木鸟　冬天　森林超市

玫瑰花　星期天　小河边

生：（读词语）

师：你为什么竖着读？

生：我发现竖着读，这些词是人物、时间、地点这三类。

师：你们同意她的发现吗？

生：同意。

师：还有谁有不同的读法？

生：我横着读，我发现每一行都在写人物、时间、地点，这样可以组成一个故事。

师：还有不同的读法吗？

生：我们可以斜着读。

师：三组词语随意搭配，也可以组成一个故事。

三个角色，你最喜欢哪一个成为你故事的主角？

生：我喜欢国王。

师：看到"国王"这个词，我想到一个贪吃的国王，你们看到这个词想到了一个怎样的国王？

生：聪明。

生：助人为乐。

师：还可能是什么样的国王？

生：可以是戴着皇冠的国王。

师：你们的想象力真让老师惊喜。那看到"黄昏"这个词语，你看到了怎样的景象？

生：太阳像一个大红气球挂在山边，越来越往下滑，慢慢地就看不到了。

师：你看到的画面真美。还有谁能描述一个不一样的黄昏呢？

生：天边的红晕是粉红粉红的，特别美丽。

师：如果这个故事发生的地点在厨房，你想想，还会有哪些神奇的角色？

生：生活在厨房里的小老鼠。

生：还有厨师。

师：在厨房，国王和这些角色之间会发生什么样有趣的故事？

生：小老鼠总是不时跑出来悄悄拿走厨房里的好吃的。

师：加上神奇的角色，故事就更神奇了，我们可以转换神奇的地点，可以是厨房的某处有一个神秘之地。

生：可以是一个任意门。

师：看看思维导图，这就是我们编童话的过程，我们围绕人物的特点，有角色，有时间，有地点，有情节，那我们的故事就会变得神奇起来。

师：请同学们选择一组词语编一组童话故事，你可以根据需要添加角色、时间、地点。写之前想一想，故事的主角是谁？有哪些配角？故事发生在什么时间、地点？发生了什么事情？

师：在思维导图上构思自己的故事。谁来说一说？

生：我选中的角色是国王，他是一个特别善良的人。里面还有一个角色是玫瑰花，她很娇嫩，也很多愁善感，很爱哭。地点是小河边，是国王和玫瑰花相遇的地方。时间是冬天。冬天，玫瑰花会被冻死，所以她很害怕，一直在哭泣。

**点评**：充分利用习作提示中的三组词语，一是引导学生发现童话故事由角色、时间、地点等要素构成；二是通过选择添加词语，初步构思童话故事，并简单地描述故事画面与内容。这样的过程性指导既引导学生发现了童话故事的创编奥妙，又降低了创编难度。

## 三、范文引路，自主创编

师：下面到了你们大显身手的时候，把你们构思好的故事写一写。老师还有三个小妙招教给大家。

**妙招一：**

师：请同学们回顾一下本单元的几篇课文，我们选《卖火柴的小女孩》运用图表梳理出情节结构。四人一个小组，讨论完成表3-2-1。

表3-2-1

| 擦燃火柴 | 幻象 | 愿望 | 现实 |
|---|---|---|---|
| 1 | 大火炉 | 温暖 | 寒冷 |
| 2 | 烤鹅 | 食物 | 饥饿 |
| 3 | 圣诞树 | 快乐 | 孤独 |
| 4 | 奶奶 | 疼爱 | 痛苦 |

生：小姑娘想到了大火炉，因为她太冷了，她想要温暖。

生：小姑娘想到了烤鹅，因为她太饿了，她想要美味的食物。

生：小姑娘想到了圣诞树，因为她一个人太孤独了，她想要快乐。

生：小姑娘想到了奶奶，因为她太难过了，她想要得到奶奶的疼爱。

师：同学们，你们看，要想使童话故事情节更丰富，相同结构的情节可以反复出现。这是第一个小妙招。

**妙招二：**

用对话描写展开情节。

师：读一读，说一说，哪个片段更生动？为什么？

A. 青头不顾身上的疼痛，一骨碌爬起来，让红头不要怕。可红头还是悲哀地哭了起来。

B. 青头不顾身上的疼痛，一骨碌爬起来大声喊："躲过它的牙齿，牛在这时候不会仔细嚼的，它会把你和草一起吞到肚子里去……""那我马上就会死掉。"红头哭起来。它和草已经一起进了牛的肚子。青头又跳到牛身上，隔着肚皮和红头说话："红头！不要怕，你会出来的。我听说牛肚子里一共有四个胃，前三个胃是贮藏食物的，只有第四个胃才是管消化的！""可是你说这些对我有什么用呢？"红头悲哀地说。

生：我觉得B片段更生动，你看这个片段用了很多语言描写，实在是太有趣了。相比较起来，第一个就干巴巴的。

师：故事往往设置两个主要角色，采用对话描写，推动故事情节，丰富人物形象。第二个小妙招你学会了吗？

**妙招三：**

师：童话故事三步走：开头写一写，什么时间，谁在哪里做什么；中间写一写，发生了什么事；结局写一写，最后怎么样。

师：看看开头和结尾我只用了一条线，中间用了一个大框，你们发现了什么？

生：写文章就要有详有略。

**点评：**创编丰富的童话故事情节是本次习作的一大难点。这一板块主要发挥课文的例文作用，通过梳理情节结构图表和对比片段，发现童话故事的反复型结构和采用对话描写的写法，并把学会的方法迁移运用到童话故事的创编中。

## 四、静心写作，评价支撑

师：你真会总结，开始写一写吧。

（学生自由创作）

师：下课后，同学们把你写好的故事和你的同桌分享一下。你们互相当对方所写故事的小评委，你喜欢他的故事吗？故事里有角色、地点和人物就给两颗星星。他设计了新的角色再加一颗星。故事情节有趣，很神奇，就给两颗星。你会给他几颗星星？

（出示星级评价标准：故事有角色、地点、人物给两颗星；角色不止一个给一颗星；故事情节有趣，很神奇，给两颗星）

教师小结：儿童是世界上最棒的童话作家。准备好开启你的童话之旅了吗？让我们一起来编童话故事吧。

## 伙伴的话

三年级语文上册第三、四单元都是童话故事。单元的习作要求是"试着自己编童话，写童话"。"试着"一词明确了本次习作旨在激发学生编写童话的兴趣，未对编写作过高要求。本次习作结构图表运用巧妙：一是通过思维导图，自己创编童话故事的情节。二是梳理并呈现本单元几篇童话故事，指出其情节设计上的反复型结构，便于学生对文本的理解，发现写作的奥妙。

## 罗老师的话

如果说有一样东西是小朋友都喜欢的，那一定非童话莫属。《我来编童话》是统编教材三年级上册第三单元的习作内容。此次习作是在本单元童话学习的基础上，旨在让学生感受童话丰富的想象并试着自己编童话。

首先，这节课的设计减轻了三年级学生创作童话的难度。其次，胡老师带着学生一起进行了实践，还借助例文，巧妙地给出了评价方法，并且这个评价是比较适切的。这节课整个节奏也把握得比较好。从回顾课文开始，激发兴趣；接着集体构思，给出方法；最后，个人创作，给出评价标准，教师评价。这个过程一定会让学生有所收获，也不会觉得写作是一件可怕的事情。这样的教学真好！

教师教学时要把握年段的学情特点并遵循童话文体特点进行教学，不过度解读文本，不拔高学习要求，利用好教材和学生已有的阅读经验，尽可能通过丰富的教学方式让学生走进童话的美妙情境，培养学生丰富的想象力，保护学生阅读童话的兴趣，结合"快乐读书吧"，积极引导学生在课外主动阅读更多的童话故事。

# 中年级习作教学

# 第一节　单元导览

习作单元体现了统编教材单元整体设计的特点，也体现了统整与融合的思想。教师在教学中要将单元各部分内容形成一个整体性教学，要让学生明白，习作单元只有一个学习任务，即写一篇习作，所有的内容学习都是服务本次习作的。

习作单元中的两篇精读课文《麻雀》和《爬天都峰》的教学不同于普通单元，是专门指向表达，着重引导落实单元中与习作相关的语文要素，注重读中学写，读中体会习作方法。这就要求教师在课堂教学的过程中不做过多的字词、内容理解、情感体会等方面的要求，不当作"精读课文"或"略读课文"进行教学。

三位教师将"写清楚"作为一条训练主线贯串整个单元的始终，统领着两篇精读课文的人物、事件和细节，也决定着文章的层次、结构和表达方式。这样的一节单元整体教学实践课，三位教师一起完成一个单元，用一个班级的学生进行教学的尝试，既是实验，更是挑战。教学设计既要能够突出自己所上的这节课的内容完整性，又要兼顾其他两位教师的上课内容的连续性，将"交流平台"中的内容前置在前两篇精读课文中，并逐一融入，将两篇精读课文的表达方法在习作指导中回顾延伸。

教师在教学时对整个单元作统筹考虑，设计单元整体的教学思路，有效合理地处理单篇和多篇的关系、单篇和单元的关系，不在一堂课的教学中"单打一"，而是注重文本解读，引领学生从读者视角转向作者视角，精心设计表达的"触发点"，做到既不拔高，又不越位，将"写清楚"这一习作训练真实有效地融入教学过程中，始终指向习作、表达，展开教学，夯实语言表达。

# 第二节　课堂教学实录

## 《麻雀》课堂实录及点评

经济技术开发区第二小学　田月馨

**个人简介**

　　田月馨，第五届罗蓉名师工作室成员，云南省罗蓉名师工作坊成员，一级教师，昆明经济技术开发区第二小学语文教师。昆明市骨干教师、经开区优秀园丁。曾获云南省一师一优课省级优课、昆明市一师一优课市级优课。多次在市区级教育教学竞赛及演讲比赛中获奖。

## 一、揭示课题，导入新课

### 1. 齐读课题

师：今天我们一起学习本单元的第一篇课文《麻雀》。全班齐读课题。

学生读课题。

### 2. 题目是一篇文章的眼睛，通过题目，我们可以推测这篇文章大致围绕谁来写

生：这篇文章大致围绕麻雀来写。

师：会读题，不错。

### 3. 了解作家

师：本文作者是俄国著名作家屠格涅夫。课文写了一件什么事？我们一起走进课文的学习。

**点评**：课题导入，了解作者。

## 二、初读课文，整体感知内容

师：请同学们打开语文书，自由朗读课文，注意要读准字音，读通句子，遇到不理解的地方多读几遍。边读边思考：文章主要写了哪几个角色？他们之间发生了什么事？

学生读课文。

师：文章主要写了哪些角色？

生：作者、老麻雀、小麻雀、猎狗。

师：你是认真读书的孩子，回答正确。

师：猎狗、小麻雀和老麻雀之间发生了什么事？请你提炼课文中的关键词概括。

生：猎狗嗅到小麻雀，老麻雀从树上飞下来拯救小麻雀，最后猎狗被老麻雀逼退了。

师：提炼关键词有助于我们厘清人物的关系，课文围绕老麻雀写了一件什么事？

生：小麻雀被猎狗嗅到了，猎狗想吃小麻雀，老麻雀从树上飞下来拯救小麻雀，老麻雀吓退了猎狗，猎狗离开了。

师：作者是按照怎样的顺序来描写的呢？

生：作者是按照事情的发展顺序来写的。

师：请同学们再次默读课文，想一想故事的起因、经过、结果是什么？

生：故事的起因是猎狗在树林里嗅到了小麻雀，经过是老麻雀从树上飞下来拯救小麻雀，结果是猎狗被老麻雀逼退了。

师：同学们很快就厘清了课文的写作顺序，现在请同学们借助幻灯片给出的提示将故事的起因、经过、结果连起来说一说。

生：猎狗在树林里嗅到了小麻雀，小麻雀吓呆了，老麻雀从树上飞下来拯救小麻雀，最后猎狗被老麻雀的勇气逼退了。

师：结合板书，再回忆一下课文内容，作者是如何使故事内容清晰、有序地展现在读者面前的？

生：作者通过写清楚故事的起因、经过、结果，将故事有序地展现在读者面前。

师：我们在习作的时候可以从作者身上学习到什么好方法？

生：我们可以将故事的起因、经过、结果写清楚，这样文章就能有序地展现在读者面前。

**点评**：带领学生按照事情的起因、经过、结果的顺序梳理课文内容，弄清楚课文讲了一件什么事。最后引导学生关注课文的写法，了解作者是如何把这件事写得有条理的。

### 三、聚焦老麻雀的无畏，学习作者把课文主要内容写清楚的方法

师：同学们，《麻雀》的作者屠格涅夫，他善于用简练的文笔描写复杂的情感，仅仅用了300多个字就把自己看到的、听到的、想到的写清楚了。我们还可以从作者身上学习到哪些习作的好办法？让我们再次走进课文。请大家默读课文第4、5自然段，思考：这两个自然段主要写了谁？并勾画出令你印象深刻的句子，想一想这些句子为什么令你印象深刻？在旁边做简单的批注。

师：这两个自然段主要写了谁？

生：这两个自然段主要写了猎狗和老麻雀。

师：文中哪些句子令你印象深刻？谁愿意分享一下？

生1：文中令我印象深刻的句子是：老麻雀用自己的身躯掩护着小麻雀，想拯救自己的幼儿。

师：说说你的理由。

生1：从这句话中，我感受到了老麻雀护儿心切。

生2：可是因为紧张，它浑身发抖了，发出嘶哑的声音。从这里我感受到了老麻雀的害怕。

生3：突然一只老麻雀从一棵树上飞下来，像一块石头似的落在猎狗面前。这是一个比喻句，从中我能够感受到老麻雀飞下来时很有力量。

师：你关注到了修辞手法。

师：我把大家勾画的句子进行了归纳总结。请三位同学分别纵向读一读这

三个板块的文字，其余同学认真听，你有什么发现？第一板块谁来读？

学生读第一个板块。

师：第一板块你有什么发现？

生：第一板块写的是作者看到的景象。

师：作者看到了什么？你抓住的关键词是什么？

生1：飞下来。

生2：挓挲。

师："挓挲"是什么描写？

生："挓挲"是动作描写。

师：如何理解"挓挲"？大家可以结合课本63页底部的图画进行理解。

生：老麻雀全身羽毛都张开直立起来。

师：结合插图能帮助我们理解词语意思，这个办法真好。从"挓挲"一词你感受到了什么？

生：我感受到了老麻雀很害怕。

师：孩子，请把你的感受读出。

学生读。

师：从你的朗读中，我感受到了老麻雀的紧张。孩子，你真了不起，你不仅能抓住关键词，还能体会词语背后的意思。

师：作者还看到了什么？

生1：作者还看到了老麻雀在掩护小麻雀。

生2：老麻雀还在发抖。

师：请大家自由读一读这些动词，想一想，通过"飞、落、挓挲"等一系列连贯动作的描写，你感受到了什么？

生1：我感受到老麻雀虽然很害怕猎狗，但为了保护小麻雀，它依然不顾一切地飞了下来。

生2：我感受到老麻雀很勇敢。

生3：我感受到老麻雀强烈的母爱。

师：作者通过一连串动作描写将自己看到的内容写了下来，让我们深刻感受到老麻雀的勇敢，以及对小麻雀无私的爱。第二板块谁来读？其余同学认真听，说说你有什么发现。

学生读。

师：第二板块你有什么发现？

生：第二板块写的是作者听到的。

师：作者听到了什么声音？

生：作者听到了老麻雀"绝望"的声音。

师：透过"绝望"一词，你感受到了什么？

生1：我感受到老麻雀此刻很害怕。

师：孩子，把你的感受读出来。

学生读句子。

生2：我感受到老麻雀知道自己可能会被猎狗吃了，生命危在旦夕。

师：孩子，把你的感受读出来。

学生读句子。

师："绝望"一词是什么描写？

生：神态描写。

师：第三个板块谁来读？

学生读句子。

师：你有什么发现？

生：这几处描写的是作者猜测老麻雀的想法和感受，是作者想到的。

师：什么问题都难不倒你，你真是个勤于思考的孩子。此刻，尽管老麻雀很害怕，但一种强大的力量使他飞了下来，这是一种怎样的力量？

生1：这是一种母爱的力量。

师：请你读一读这一板块。

学生读。

生2：这是一种勇敢的力量。

师：请你再来读一读这一板块。

学生读。

师：作者把看到的、听到的、想到的写了下来，并通过描写神态、动作的关键词使我们感受到了老麻雀的勇敢、无私，以及伟大的母爱。现在咱们横向

115

读，男、女生合作读，女生读绿色部分，男生读黄色部分，边读边思考，你有什么发现？

生1：横向读的内容既包含作者看到的，也包含作者听到的，还有作者想到的。

生2：作者还把神态描写和动作描写交织在一起写。

师：孩子你真厉害，关注到了细节。

师：作者把看到的、听到的、想到的交织在一起写，把神态描写和动作描写交织在一起写，你感受到了什么？

生1：我感受到了老麻雀的勇敢、无畏。

生2：我感受到了老麻雀为保护自己的幼儿不顾一切的精神。

师：这是一种伟大的爱。

师：课文学到这里，我们又能学到怎样的写作方法，从而把自己的故事写清楚、写具体？

生1：我们在写作时要调动自己的五官，把自己看到的、听到的、想到的交织在一起写。

生2：我们还可以把神态描写和动作描写交织在一起写。

点评：通过横向、纵向阅读，聚焦文中让人印象深刻的部分，通过自主学习、合作学习、探究学习，师生共同建构把事件过程中重要内容写清楚的方法。

## 四、聚焦猎狗，再次学习作者把课文内容写清楚的方法

师：作者在描写猎狗攻击小麻雀与猎狗退缩时也运用了相同的方法，请大家再次默读课文，用波浪线勾画出猎狗攻击小麻雀与猎狗退缩的句子。

生1：猎狗慢慢地走近小麻雀，嗅了嗅，张开大嘴，露出锋利的牙齿。

生2：猎狗愣住了，它可能没料到老麻雀会有这么大的勇气，慢慢地，慢慢地向后退。

师：作者看到了什么？你抓住的关键词是什么？

生：走近、嗅、张开、露出。

师：这些词语是什么描写？

生：动作描写。

师：通过这一连串的动词描写，你感受到了什么？

生：我感受到了猎狗的凶猛。

师：把你的感受读出来。

学生读。

师：从你的朗读中，我感受到了猎狗的凶猛。作者在描写"猎狗后退"时运用的方法是什么？

生：作者把看到的与想到的交织在一起写。

师：作者看到了什么？你抓住的关键词是什么？

生：愣住、后退。

师：这是什么描写？

生："愣住"是神态描写，"后退"是动作描写。

师：文段哪里写到了作者想到的？

生：它可能没料到老麻雀会有这么大的勇气。

师：作者将看到的、想到的交织在一起，运用了动作、神态等细节描写清楚地写出了凶猛、庞大的猎狗从攻击到退缩的表现。猎狗从攻击到退缩，你感受到了什么？

生：我感受到了老麻雀的勇敢。

**点评**：由扶到放，巩固学法。

## 五、总结写法

师：课文学完了，借助板书想一想，我们可以从《麻雀》这一课学到怎样的写作方法？

生1：按事情的发展顺序有序地描写故事的起因、经过、结果，可以让自己的文章条理清晰、脉络清楚。

生2：我们在写一件事的时候，可以把看到的、听到的、想到的写下来，让自己的文章令人印象深刻。

## 六、小练笔

师：请同学们仔细观察，想一想图中的小男孩在干什么？

生：图中的小男孩在擦玻璃。

师：如何才能将擦玻璃这件事有序地写出来呢？你有什么好方法？

生：写清楚故事的起因、经过、结果。

师：请同学们想一想事情的起因、经过、结果是什么？完成任务单，擦玻璃的起因用简单的话写下来，擦玻璃的经过是一个完整的劳动过程，如何才能把这个过程写清楚，能不能想到一些关键词呢？事情的结果是什么呢？也用简单的话写下来。

学生分享。

**点评**：引导学生总结方法，学以致用。写话练习的设计给了学生自由发挥的空间，更让学生学以致用，尝试运用起因、经过、结果把一件事有序写下来。

## 七、板书设计

麻　雀

|  | 起因 |  | 看到的：动作　神态 |
|---|---|---|---|
| 有序写 | 经过 | 写清楚 | 听到的 |
|  | 结果 |  | 想到的 |

💬 **伙伴的话**

《课程标准》倡导"自主、合作、探究的学习方式"，田老师让学生带着问题自由读，充分体现了先学后教的理念。在自我阅读的基础上，田老师引导学生体会"把事情写清楚"的基本方法之一就是写清楚事情的起因、经过、结果。在此基础上，田老师通过引导学生抓关键词句来理解和体会，学习作者把事情写清楚的重要方法就是把自己看到的、听到的、想到的写清楚。

### 罗老师的话

　　《麻雀》是统编教材四年级上册第五单元的一篇精读课文，该单元是特殊习作单元，习作单元以培养习作能力为重点。作为习作单元的起始课文，了解故事的起因、经过、结果，以及作者是怎样把事情写清楚（作者看到的、听到的、想到的）是本课的教学重点。田老师通过引导学生梳理整篇文章的写作顺序以及引导学生抓住关键词句来理解和体会的方式，学习作者把事情写清楚的方法。最后的小练笔，学生的学习结果可查可考，并与下一课勾连，这样的教学，学生的学习步骤清晰有效，提高了课堂的学习效率。

# 《爬天都峰》课堂实录及点评

官渡区南站小学　张琪

**个人简介**

张琪，第五届昆明市罗蓉名师工作室成员，任教于昆明市官渡区南站小学。一级教师，官渡区小学语文学科带头人。获得"官渡区优秀教育工作者""官渡区优秀共产党员""官渡区教育系统优秀教师"等荣誉称号。获云南省小学语文课堂教学录像课评选一等奖，昆明市小学语文阅读课堂教学竞赛一等奖，昆明市中华经典诵写讲大赛"经典课讲解"一等奖。

## 一、揭示课题，导入课题

师：今天我们一起来学习第五单元的第二篇课文，请大家齐读课题。

生：（齐读）爬天都峰。

师：天都峰在哪里呢？

生：天都峰在黄山。

师：你真会预习。

师：天都峰在安徽黄山，黄山自古有"五岳归来不看山，黄山归来不看岳"的美称，天都峰古称"群仙所都"，意思为天上都会，是黄山著名的七十二座峰当中最险的一座。从照片中，我们可以看出峰顶直插云霄，我们再来读读课题。（PPT出示天都峰照片）

生：（齐读）爬天都峰。

师：看了课题，你们有什么想提出来的问题吗？

生：谁去爬天都峰？

生：他们什么时间去爬天都峰？

生：他们爬上天都峰了吗？

## 二、初读课文，整体感知

师：看来同学们提问题都能够抓住关键词句来提，请大家带着这些问题，自己读课文，注意要读准字音，认清字形，读通顺句子。标出课文的自然段，找一找事情发生的时间、地点、参与的人物和事情。

把书翻到65页，用你喜欢的方式读课文。

师：读书的声音渐渐小了，大家陆陆续续举起了手，说明课文读完了。老师特别关注到这两位同学，他们不单单读了课文，连课后的生字也都读了一遍，非常善于学习。刚才大家提出来的问题，老师帮大家整理了一下，其实主要有这样几个：什么时间、谁在什么地方干什么，结果怎么样？课文读完了，你能够解决几个？

生：我找到的是事情发生的时间——假日里。

师：你从哪里找到的？

生：我从第1自然段里找到的。

师：真是个会读书的孩子。其他同学还从第1自然段里找到了什么？

生：我知道了事情发生的地点——黄山天都峰。

师：时间、地点都找到了，那参与的人物都有哪些？

生：我找到了参与的人物是爸爸、我，还有一个老爷爷一起去爬天都峰。

师：这位同学不但说清了参与的人物，还说出了这是一件什么事。如果要请你说一说这篇课文主要讲了一件什么事，你能不能用刚才大家找到的关键信息，连起来说一说呢？

生：这篇课文主要讲的是：假日里，爸爸和我去爬黄山天都峰，在路上我们遇到了一位老爷爷，我们相互鼓励，最后一起爬上了天都峰顶。

师：我们知道了，只要找到课文中的一些关键词句，就能够把课文的主要内容概括出来了。上一篇课文《麻雀》也是写事的文章，写事的文章就要按照一定的顺序。请大家默读课文，想一想作者是按照什么顺序把爬天都峰这件事

121

情写清楚的。

师：展现在大家眼前的就是天都峰的简笔示意图，你能看着图，说一说事情的顺序吗？

生：作者是按照"爬山前—爬山时—爬山后"的顺序写的。

**点评**：由课题提出问题，结合在本单元第一课《麻雀》当中所学的知识，学生能够迅速找出事情发生的时间、地点、人物和事件，做到已学知识的巩固和运用，并且能够快速进入下一个板块，为梳理文章的脉络和概括课文的主要内容搭建支架。

## 三、走进文本，学习写作方法

师：你真是个会观察会思考的同学。那我们就一起和文中的三位主人公按照爬山的顺序共爬天都峰吧。（出示课文第2自然段）我们一起来读一读课文的第2自然段。（师生合作读）老师读绿色字体部分，同学们读黑色字体部分。

师：我站在天都峰脚下抬头望——

生：啊！峰顶这么高，在云彩上面哩！我爬得上去吗？再看看笔陡的石级，石级边上的铁链，似乎是从天上挂下来的，真叫人发颤！

师：这一个自然段描写的是什么时候的情景？

生：描写的是小作者爬山前站在天都峰脚下看到的情景。

师：小作者站在天都峰脚下抬头望，都看到了什么？

生：看到了高高的峰顶和陡峭的石级，还有石级边上的铁链。

师：你真会读书，从文字中找到了小作者看到的景象。通过第2自然段，你发现了天都峰都有哪些特点？

生：天都峰很高很陡。

师：你有一双慧眼，一下子就抓住了天都峰的特点。哪句话具体说了天都峰的高？

生：啊！峰顶这么高，在云彩上面哩！

师：这个"啊"字说明了什么？

生：这个"啊"字说明了天都峰很高。

师：高到什么程度？

生：高到在云彩上面哩。

师：请你读一读这句话，试着读出天都峰的高来。

学生读。

师：看着高耸入云的天都峰和笔陡的石阶，"我"有什么想法？你能在文中找到吗？

生：峰顶这么高，我爬得上去吗？再看看笔陡的石级，石级边上的铁链，似乎是从天上挂下来的，真叫人发颤！

师：句末的问号和感叹号表示了小作者对能否爬上峰顶持什么态度？

生：怀疑，不自信。

师：小作者在担心怀疑什么？

生：小作者害怕自己爬不上峰顶，担心自己能力不足。

（师相机板书：山高路陡，担心犹豫。）

师：从这一个自然段，我们不难发现，作者在写爬山前，不但写了自己看到的，还写了根据看到的景象而想到的。今后我们在写作中也可以学习作者这样把看到的和想到的结合起来写，这样能让我们的文章更具有真实性。

师：这么令人胆战心惊的天都峰，小作者有没有爬？事情是怎么样继续发展的？我们继续往下学习。（出示课文第3～5自然段）

师：这是课文的第3～5自然段，大家发现了是用人物对话的方式写的。我们还是用合作的方式来读一读吧，老师读叙述部分，同学们读对话的内容部分。

师生合作读对话。

师：刚才的第2自然段写了人物怎么想的，读了对话，我们发现这里写的就是事情发展过程中人物"怎么说"的。在两人的对话中都含有一个"也"字。从这个"也"字当中，你读出了什么？

生：老爷爷很惊讶，这么小的小女孩来爬天都峰，她能爬上去吗？

生：小作者很敬佩老爷爷，年龄这么大，比"我"爷爷年纪还大的老爷爷也来挑战爬天都峰。

师：是啊，从这个"也"字中，我们体会到了这一老一小对彼此来爬天都峰表示怀疑，也表示敬佩。老爷爷看着小作者，发出了邀请，请大家读——

生："对，咱们一起爬吧！"

**点评**：引导学生对文本的解读，关注语气词的使用，以读代讲，在朗读指导中体会天都峰的高和陡。关注作者写法——看到的和想到的相结合，增强文章的真实性。

师：到底两人爬没爬？我们继续看课文。（出示课文第6自然段）

生齐读第6自然段。

师：这一段描写是写谁在爬山？主要是什么描写？

生：这一段描写的是小作者在爬山的动作描写。

师：我们回顾第2自然段写了小作者怎么想的，3～5自然段写了小作者和老爷爷怎么说的，这一个部分就是——

生：写"怎么做"的。

师：请你快速浏览这一个自然段，找找段落中描写动作的词语都有哪些。

生：有"爬、攀"。

师：那具体是怎么爬、怎么攀的呢？能再找一找吗？

生："奋力"向峰顶爬，一会儿攀着铁链上，一会儿手脚并用向上爬，像小猴子一样。

师：我们一起来读一读。红色字体表示的就是爬山时具体动作的描写。请你谈谈对"奋力"一词的理解。

生：我认为"奋力"就是用尽全身的力量。

师：你理解得真到位，从这一个词我们也能再次体会到天都峰的高和陡，爬起来很费力气。谁还找到了其他的？

生：小作者一会儿攀着铁链上，一会儿手脚并用向上爬，像小猴子一样……

师：从这个"一会儿……一会儿……"，我们发现了这是对人物的动作进行了细致具体的描写。结合之前段落的学习，请你展开想象，结合人物的特点来试着补充下面的句子：

当我攀着铁链就快抓不住了，看见旁边的老爷爷汗流浃背正在奋力向上爬，我想：_____

我对老爷爷说："_____"

生：我想：老爷爷都这么努力爬山，我可不能输给他。我对老爷爷说："老爷爷，您真厉害，我也要像您一样，咱们一起加油！"

（继续出示句式）

师：当老爷爷累得气喘吁吁，走不动了，看见我正手脚并用向上爬，他想：_____他对我说："_____"

生：他想：这个小姑娘可真行，我也不能轻易认输啊！他对我说："小姑娘，继续坚持，咱们马上就要爬到山顶了。"

师：课文的这一个部分并没有写人物是怎么想、怎么说的，在同学们的合理补充下，把当时人物怎么想、怎么说的都创作了出来，大家可真了不起！这一老一小不但奋力攀登险峰，更在彼此鼓励。（相机板书）接下来，难度增加了，课文中没有对老爷爷爬山的动作进行具体描写，你能够仿照课文中的句子说一说吗？

生：只见老爷爷奋力向顶峰爬去，一会儿拉着铁链喘口气歇一歇，一会儿拄着登山杖奋力向上爬，像动作缓慢的大乌龟一样……

生：只见老爷爷奋力向顶峰爬去，一会儿擦擦额头的汗水捶捶腰，一会儿拉着铁链奋力向上爬，像只不服输的大猴子一样……

点评：抓住描写动作的词语，学习作者描写"怎么做"的同时，勾连前一部分爬山前"怎么想""怎么说"的，对学生进行综合性的表达训练。仿照文中句式的拓展练习，降低了学生表达的难度，注重方法的引导。

师：大家仿照着句式的创作真精彩，有了怎么想、怎么说、怎么做，整个场景的画面感十足，两人爬山时的场景活灵活现地展现在我们的眼前了。通过一番努力，这一老一小到达峰顶了吗？一起来读一读（出示第7自然段）

生：爬呀爬，我和老爷爷，还有爸爸，终于都爬上了天都峰顶。

师：这一个自然段讲的就是爬山的结果。通过"终于"这一词，你体会到了什么？

生：我体会到了他们爬山用的时间长。

生：我体会到了小作者和老爷爷爬上山顶真不容易啊！

生：我体会到了爬山的过程很艰难，很辛苦。

师：哪怕爬山用时再长，爬山过程再不易，可我和老爷爷，还有爸爸——（引读第7自然段）都爬上了山顶，他们又怎么说的呢？（引读第8、9自然段）

师：这是老爷爷和小作者爬上天都峰顶说的话，两个人在爬山的过程中彼此鼓励，奋力攀爬，最后终于成功登顶，还不忘互相感谢。（相机板书）

师：回顾课文，我们发现，在写爬天都峰这件事情的时候，小作者不但写了爬山前怎么想的，还写了爬山过程中怎么说、怎么做的，像小作者这样就可以把一件事情写清楚写具体。请同学们看看黑板上的板书，现在我们回忆《麻雀》这篇课文，写事情有三要素：起因、经过、结果。你能不能说一说在这篇课文中，事情的起因、经过、结果分别是什么？

生：事情的起因是"我"在天都峰前，看着又高又陡的天都峰，担心犹豫能不能爬上去。

师：哪一部分是事情的经过？

生："我"和老爷爷互相鼓励，奋力向上爬。

师：成功登顶就是事情的——

生：结果。（教师相机板书）

师：我们在写一件事情的时候，只要按照事情的起因、经过、结果来写，在写"经过"这个重要场景的时候融入怎么想的、怎么说的、怎么做的，就可以把一件事情写清楚、写具体。通过这一课的学习，你有什么收获？

生：我知道了一件事情要写清楚，就要按照起因、经过、结果的顺序来写。

生：我知道了写一件事情要有六要素：时间、地点、人物、起因、经过、结果。

生：我知道了写重要场景的时候可以写一写当时是怎么想的、怎么说的和怎么做的。

**点评**：阅读教学过程中不忘关注表达方法的教学，梳理文章过程中不忘表达方法小结，由学习阅读逐渐向学习表达过渡。

## 四、小练笔

师：光说不练那是假把式，现在请大家由读者的角度转变成为作者，拿出练习单，完成一个小练笔。练习单上的三格小漫画画的是"我在家擦玻璃"的场景，请你用一段话把擦玻璃的过程写下来，要用上描写动作的词语，着重要写的是"怎么做"的。如果说擦玻璃像爬山那样，我们可以分为几个步骤？

生：三个，擦玻璃前—擦玻璃时—擦玻璃后。

师：哪个过程要作为重点来写？

生：擦玻璃时。

师：作业单上擦玻璃前和擦玻璃后已经写好了，咱们重点要完成的就是"擦玻璃时"这一个部分，老师给你们一些表示动作的词作为参考，请你们结合图画和平时的劳动经验，用上这些动词，完成这一段话。

学生自主完成小练笔，教师巡视。

展示学生练笔成果，根据评价表点评、评价。

**点评**：小练笔的设计结合前一课《麻雀》的延伸运用，链接到本单元的交流平台中的"初试身手"。使用本课和前一课《麻雀》中所学的"展现事情发展过程中的重要内容"的方法，把图画中的事情按照顺序，运用表示动作的词语清楚地描述做家务的过程，提升学生在实践中把事情发展过程按顺序描述清楚的能力。

## 五、板书设计

### 爬天都峰

| 起因 | 担心犹豫 | 爬山前 | 怎么想 |
|------|----------|--------|--------|
|      | 山高路陡 |        |        |
| 经过 | 奋力攀爬 | 爬山时 | 怎么做 |
|      | 彼此鼓励 |        |        |
| 结果 | 互相感谢 | 登顶后 | 怎么说 |
|      | 爬上山顶 |        |        |

💬 **伙伴的话**

　　第五单元"把一件事情写清楚"是一个习作单元，是围绕习作能力的培养来编排的。张老师在教学中加强阅读与表达的联系，促进读写结合，将阅读中的收获迁移运用于自我表达，使学生的语文学习与生活实际紧密结合起来。着力加强语言文字的运用，不论是练习活动的设计，还是语文园地的内容安排前置设计，都引导学生联系生活，在生活情境中运用语文，凸显语文课程实践性的特点。

👤 **罗老师的话**

　　《爬天都峰》这篇课文是四年级上册第五单元习作策略单元的第二篇精读课文，张老师在第一篇《麻雀》的基础上，针对学生的习作"把一件事情写清楚"的问题，对学生写重点场景的写法指导有进一步的提升，为学生能够完成本单元习作打好基础。在整体的设计上，第一节课和第二节课的课后拓展练习是有延续性和承接性的，结合了学生生活实际和初试身手的第二题进行设计，采用了三格小漫画的形式，给学生搭好了表达的支架，让学生在延续的场景当中进行写法训练。这也是本节课的亮点之一。

# 《习作：生活万花筒》课堂实录及点评

盘龙区东华小学　王璐琪

**个人简介**

王璐琪，昆明市罗蓉名师工作室成员，一级教师，昆明市骨干教师，昆明市名班主任，昆明市教坛新秀，昆明市优秀团员教师，盘龙区学科带头人，盘龙区优秀教师（教育工作者），盘龙区教坛新秀。现任盘龙区东华小学语文教师，教研组长。曾获全国名校联盟小学语文青年教师课堂教学大赛一等奖、全国"统编本语文教材"教师模拟课堂教学总展一等奖、录像课荣获省级一等奖，撰写的论文先后荣获国家、省级、市级等奖项。

## 一、印象最深的事

师：同学们，我们每天都会遇到各种各样的事，有亲身经历的，也有看到的、听到的，今天我们就来聊一聊吧。

师：现在请同学们打开语文书，自由读一读第72页的习作要求，看看今天的习作我们要写什么？（PPT出示习作要求）

学生自由阅读习作要求。

师：请你来说。

生：要把自己印象最深的事情写下来。

师：很好，你很会抓关键词。这个习作要我们写一件令我们印象深刻的事。（教师相机出示习作要求）不仅如此，我们还要注意什么，谁能找到？

生：我们还要注意把事情的经过写清楚。

师：对，"把事情的经过写清楚"就是我们这节课学习的重点。

**点评：**激发兴趣，让学生结合自己的生活经历选材，引导学生明确要把事情写清楚，就要着眼于写好事情的经过，做到详略得当。

## 二、按照一定顺序写事

回顾本单元内容。

师：同学们，在本单元中，我们学习了《爬天都峰》这篇文章，回忆它是按什么顺序写爬山的？

生：爬山前—爬山中—爬上峰顶后。

师：很好。作者按照这样的顺序就把经过写清楚了。

师：在生活中有没有令你印象深刻的事呢？

生：我的爷爷爱抽烟，后来他好不容易把烟戒了。

生：篮球比赛中我获得了铜牌。

生：家里进了蚊子，妈妈被蚊子叮了。

师：现在我们就用这件事来梳理事情的经过。首先发生了什么？

生：妈妈被蚊子叮了。（教师相机板书）

师：接着呢？

生：我们一家人起床打蚊子。（教师相机板书）

生：最后打到了蚊子。（教师相机板书）

师：大家看，这就是刚才她说的灭蚊事件。那我们怎样把这件事的经过写得更清楚呢？一起看，在《爬天都峰》这篇文章中，作者是怎么写的？

生：作者写了站在天都峰脚下，奋力向峰顶爬去、爬上峰顶、鲫鱼背前。

师：他是按照什么来写事情的发展的？

生：按照地点的变化。

师：再看例文《小木船》又是按照什么顺序写的？

生：按照时间顺序。

师：是呀，我们可以把地点或者时间的变化加入事件当中，这样写事情的经过就更有条理了。

**点评：**在本习作课中，王老师有单元整体的意识，前后勾连，从精读到例文，循序渐进地从回顾本单元的写作方法——如何按顺序写事——入手，让学生知道习作时可以按照什么顺序来写。

## 三、重点部分写清楚

师：再回到灭蚊事件，你认为把哪个地方稍微写具体一点会更好？

生：打蚊子的部分，因为它是经过，所以要写得具体一些。

生：把怎么打蚊子的部分写具体，这件事就会有意思。

师：是呀，这就是整件事中的重要部分，把它写好了，就成功了一半。刚才大家都有自己想写的印象深刻的事，现在我们就把事情经过的这个片段写下来。打开作文本，开始写吧。计时6分钟。（学生完成习作片段，教师巡视指导）

师：同学们坐正，时间差不多了，老师选了一个同学写的片段，我们一起分享。在分享之前，请一位同学来读读这张习作评价单。

生：习作评价单——仔细读读同学的习作，对照以下内容，看看他能得几个"赞"？①写清了事情发生的时间、地点、人物；②能按照一定顺序写清楚事情经过。

师：如果他两条都达到了，就给他两个"赞"，明白了吗？

生：明白了。

师：一起来看，这是谁写的？请你来读。（教师相机投影学生的习作）

学生朗读自己的习作片段，全班听。（教师边听边修改习作）

师：现在我们给他评一评，看看他能得几个"赞"？

生：我认为他可以得两个"赞"，因为他的事件顺序写得很清楚，经过也很具体。

师：是呀，他用上了表示顺序的词，就显得很有条理。不错，你很善于发现别人的优点。

师：在这个单元中有篇例文叫《小木船》，快速翻到这篇例文。默读，看看他写的跟我们有没有不同的地方？哪些地方写得特别好，可以做上记号。

（学生默读例文，进行批注）

师：找完的同学举手示意。请你来说。

生：我找到了，"转眼几个月过去了"这部分是一笔带过的，没有详细写。

师：什么事转眼几个月就过去了？

生："我"和陈明吵架。

师：那两人吵架在这里写清楚了吗？

生：写清楚了，因为已经说了他们在吵架，其他就没什么好写的了。

师：对，这不是重点，不用详细地去写。那他详写的是哪个部分？

生：是"有一天发生了一件不愉快的事"。

师：是啊，结合旁边的批注，你有什么发现？

生：这部分写清楚能让我们知道他们为什么吵架。

生：我认为这是友谊破裂的过程，因为它是重点，所以要写详细。

师：对，重要的地方详细写，不重要的地方略写，这就叫详略得当。

师：还有哪些地方写得好？

生：他用上了好几个表示时间的词。

师：抓住这样的关键词能让我们按顺序写清楚事件。

生：抓住了人物的动作、神态、语言……这些细节来写。

师：是呀，这样多角度地去写，画面就生动起来了。那如何把重要的部分写得更好？微课老师告诉你。

（播放微课）

师：你学会了什么？

生：在文章最后可以加上这件事对"我"的影响。

生：重要的部分可以加上自己看到的、听到的、想到的。

生：还可以加上语言、动作这样的细节描写。

教师相机板书。

师：再对照刚才你们写的片段，看看有没有不足的地方？

生：有。

师：给你们5分钟进行修改，添加的内容可以改在批注栏。

（学生修改习作，教师相机巡视指导）

师：时间差不多了，你们修改得都很认真，接下来老师还想请大家同桌之间互相分享习作。在此之前，请一位同学来读读这张点赞单。

生：你的习作我点赞——同桌交流自己的习作，为同学点赞，最后推荐一篇在全班朗读。①时间、地点、人物写清楚；②按照一定顺序写事；③写了看到的、听到的、想到的及细节写生动；④谈谈自己的感受。

师：现在就请同学们同桌之间交换习作，读一读，看看他能得几个"赞"。把写得好的地方勾画出来，需要修改的地方做上批注。

（学生进行互评，教师巡视指导）

师：有没有得四个"赞"的同学？请你们同桌一起上台，读一读你写的，其他同学仔细听。

（学生读自己的习作片段，教师相机对习作勾画、修改）

师：你给他四个"赞"的理由是什么？

生：他把事情写得很有条理，用上了"有一天、然后、过了一小时"这样的词语。给他一个"赞"。

生：他把重要的地方写具体了，给他一个"赞"。

生：文中有一些很细节的描写，比如："一些液体流了出来，我闻了闻，啊！是酒。"有"我"和爸爸的对话，"我"的表情动作。这些都写得很生动。再给一个"赞"。

生：最后我同桌还写了这样一句："长期大量饮酒有害健康，不应该多喝。"这是他对这件事的看法。给他一个"赞"。

师：文章写得不错，点评得也很到位。谢谢你们。

## 四、总结评价修改习作

师：同学们，这节课，我们学习了如何把一件印象深刻的事情经过写清楚，知道了不仅要抓住事情的顺序写，重点部分还要多角度地写具体。请同学们回家继续完善这篇习作，加个开头，最后写上自己的感受，并取个好题目。今天的课就上到这里，下课。

💬 **伙伴的话** ●┈┈┈┈┈┈┈┈┈

一节好的习作课，教师要关注学生的"写"。王老师把这一点落实得很到位，在此环节给予学生针对性很强的评价，针对第一次习作中存在的问题，把重难点放在对重要部分如何写清楚的方法指导上，不仅出示例文，还请出"微课老师"。强化教学重点后，让学生再次动手写令自己印象深刻的部分。最后出示习作评价单，有效搭建阶梯，对学生习作的修改与完善有很大帮助。相信这样反复并具有阶梯性的教学环节能扎实有效地突破难点。

## 罗老师的话

　　学生的生活丰富多彩，从生活中选材，帮助学生打开写作的窗户，启发学生关注生活，鼓励他们表达出真情实感。"把事情的经过写清楚"是本次习作的重点，教学时，教师利用前面两篇课文梳理写法，又巧用例文片段及微课有效突破难点，落实到写，评价方式多样且有针对性。

# 高年级阅读教学

# 第一节　单元导览

## 一、认真领会教科书的编写思路

教科书围绕"人文主题"和"语文要素"双线组织单元，并着力加强单元内部的横向联系，使各板块内容形成合力，共同促进学生发展。每个单元设有导语，在单元导语中明确语文要素；单元中的某些课文落实语文要素，贯穿方法的学习与运用；在语文园地中安排"交流平台"栏目，进一步强化语文要素，梳理、总结、提炼学习方法；某些单元的"词句段运用"和"习作"还引导学生实践运用本单元学习的方法。各单元部分内容环环相扣，相互配合，使每个单元形成一个系统。

## 二、具体实施步骤

### （一）认真研读教材，找到单元内部的联系点

#### 1. 立足本单元的人文主题探析

统编教材五年级上册第六单元以"舐犊之情"为人文主题，编排了精读课文《慈母情深》《父爱之舟》和略读课文《"精彩极了"和"糟糕透了"》三篇课文。本单元的口语交际和习作分别以"父母之爱"和"我想对您说"为题，围绕父母与孩子之间的对话而展开。由此可见，本单元的人文价值重在让学生用心体会父母之爱，激发学生对父母的孝敬、感恩之情，培养学生对父母的理解、尊重。

#### 2. 立足本单元的语文要素分析

本单元的语文要素是"体会作者描写的场景、细节中蕴含的感情"，三篇

课文对故事的多个场景、人物言行举止都有具体的细节描述，且语言文字中处处蕴含着丰富的感情：《慈母情深》要求学生边读边想象文中描写的场景，在细节中体会文中蕴含的母爱，《父爱之舟》让学生找到作者梦中出现的难忘场景，体会深切的父爱，略读课文《"精彩极了"和"糟糕透了"》进一步运用之前学过的方法，从描写的场景、细节中体会父母对孩子的关爱。

语文园地："词句段运用"的第二题要求学生进一步了解场景描写的作用。

口语交际：通过对父母不同的爱的方式发表看法，提高学生的选材能力和讨论时的应对能力，活动的目的是提升交际的技巧并客观理性地看待父母之爱。

习作要求：用恰当的语言表达自己的看法和感受。"用恰当的语言"要求学生有对象意识，表达时注意恰当的措辞、语气。

**（二）明确单元目标和各篇的教学目标后，进行有效整合，见表5-1-1**

表5-1-1

| 课文名称 | 教学课时 | 整合教学内容 |
| --- | --- | --- |
| 《慈母情深》 | 第一课时 | 1. 第18课。<br>2. 语文园地"词句段运用"第二项。 |
|  | 第二课时 | 1. 第18课。<br>2. 语文园地"交流平台"第二段。<br>3. 词句段运用第二部分到第三部分。 |
| 《父爱之舟》 | 第一课时 | 1. 第19课。<br>2. 语文园地"交流平台"第二段。<br>3. 词句段运用第二部分的第二个场景。 |
|  | 第二课时 | 1. 第19课。<br>2. 词句段运用第三部分第二段。 |
| 《"精彩极了"和"糟糕透了"》 |  | 1. 第20课。<br>2. 词句段运用第一部分第三段。<br>3. 略读课文的学习为口语交际奠定了情感基础，有助于学生更加客观、理性地看待父母之爱，在与父母的相处过程中形成正确的态度取向。 |

| 课文名称 | 教学课时 | 整合教学内容 |
|---|---|---|
| 口语交际《父母之爱》 |  | 1. 课后"小练笔"的内容作为口语交际的素材。<br>2. 口语交际为习作选材提供了方法，搭建了支架。 |
| 习作《我想对您说》 |  | 在整个单元的教学过程中，课文教学与课后小练笔、语文园地中的"词句段运用"、口语交际和习作都有关联。如将《慈母情深》课后的小练笔，成长中的第一次作为习作的素材，学习运用"词语反复"的方法，联系生活中的经历，表达自己的真情实感。 |

**（三）从设计思路，落实本单元的语文要素**

《父爱之舟》是精读课文，共两个课时。

**第一课时的教学目标：**

（1）运用找场景的方法，梳理课文内容。

（2）感受"穷逛庙会"这一重要场景描写中流淌出的浓浓的父爱。

（3）初步感受"小舟"在文中承载的重要意义。

（4）了解散文文体特点在本课中的呈现。

**第二课时的教学目标：**

（1）会写"渔船、报考"等19个词语。

（2）继续品味印象深刻的场景，体会深切的父爱。

（3）体会课文以"父爱之舟"为题，升华对"舟"的理解（人生之舟、希望之舟、爱之舟）。

本课是一篇回忆性的散文，篇幅长，场景多。对于执教者来说，如何取舍是个难题。可以结合课后练习第一题"默读课文，说说在'我'的梦中出现了哪些难忘的场景"。借助《慈母情深》找场景的方法梳理课文，对文章进行整体的把握，"哪个场景给你的印象最深？"从具体的场景描绘的细节中感受母爱。选取哪一个场景才能更好地感知，可以借助语文园地和"交流平台"找到"穷逛庙会"这一重要场景。深入文本分析挖掘场景中的教学资源。从庙会热闹的场景中引导学生发现父子的清贫；从父亲觉得"我"太委屈这一点感受父亲对作者的愧疚，从作者对父亲的不忍、不敢中感受作者的懂事，从回忆整个场景中感受父亲对作者浓浓的爱和作者对父亲深深的怀念。这个过程从场景描写中来，又回到场景描写中去。这一来、一回，学生逐渐领会到场景描写的重要作用：塑造人物形象，表现作品主题。同时学生们也发现作者描写的这一个个分散的场景是由爱与怀念这一线索穿插而成的，形散神聚就是这个意思。至此，本单元的语文要素在本课中得到体现。

《"精彩极了"和"糟糕透了"》的思路是：运用前一课的方法找场景（提醒学生关注人物、时间、地点的变化，重点是人物变化），走进场景，在场景中结合前两课学习的细节描写提醒学生找人物的动作、神态、语言等，体会父母不同爱的表现和巴迪的心情，通过感悟细节（母亲的动作、语言、神态，父亲的动作、语言），明白父母为什么会有不同的看法：母亲是针对第一次写诗的行为进行鼓励表扬，父亲是针对写诗的内容和"我"得意的态度提出批评和警告。巴迪后来怎么看待的，引出主题父母不同爱的表现。口语交际中给出的三个情境都贴合学生的实际，当学生经过《"精彩极了"和"糟糕透了"》的学习后，就能分辨"爱的意义"，在表述时既要尊重别人的观点，对别人的发言给予积极回应，又要选择恰当的材料支持自己的观点。有了"口语交际"的铺垫，学生在完成习作《我想对您说》时就能水到渠成地进行选材，这样可以提高习作的效率。

从单元整体上把握教材，处理教材；从单元整体出发，制定整体方案；从整体上进行语文能力的综合训练。除了教学内容的整合以外，还应注意语文学习方法、学习习惯的整合。内容的整合有利于集中思维突破重点；方法的整合有利于学生获得语文学习的经验。整合以后，学生提高了学习效率，在学习应用中获得学习经验，逐步学会学习。

# 第二节　课堂教学实录

## 《慈母情深》课堂实录及点评

呈贡区第二小学　杨娅菊

**个人简介**

　　杨娅菊，一级教师，昆明市骨干教师，呈贡区学科带头人，呈贡区语文教学名师，昆明市第五届罗蓉名师工作室成员。现任昆明呈贡新区第二小学语文教师。多次参与或主持市级、区级课题研究，撰写的论文先后荣获省、市级等奖项。坚持在教育中以身作则，以爱为行。

**课前活动：**

师：孩子们，老师带来了一个视频。你们能用简短的语言概括你刚才看到的场景吗？

生：在北京天安门广场举行阅兵仪式。

师：你看，你抓住了地点，抓住了事件，就能把场景说清楚。我们再来看视频。

师：那你能像她一样抓住人物、时间、地点或事件说一说刚才你看到的场景吗？

生：在家里，小男孩打水给母亲洗脚。

师：孩子们，刚才我们看了两个场景，我们抓住了时间、地点、人物，还有所做的事情，就能把这个场景说清楚。那你能说一说什么是场景吗？

生：一定环境里发生的事情。

师：（出示场景解释）那么，如果我们要在生活中找场景，就需要小妙招，老师来给你们出个小妙招。

刚才我们就是关注这四点说清楚场景的。今天，我们就一起来在课文中找场景。

**点评：**开课前，通过说说视频看到的场景，明确什么是场景，既可以让学生们放松，也可以为课文学习找场景做好铺垫。

## 一、走近作者，直接导入

师：孩子们，母爱是永恒的话题，今天我们就一起来学习一篇关于母亲的文章。

生：（读题。）

师：《慈母情深》选自我国当代著名作家梁晓声所著的中篇小说《母亲》，课文题目是选入教材时编者另外添加的。这篇课文是本单元第一篇课文，本单元让我们感受的是（出示单元导读）——

生：（齐读）

## 二、默读故事，捕捉场景

师：相信你们都已经预习了《慈母情深》一文，那么你们用上老师刚才提出的小妙招，默读课文，找一找这篇课文有哪几个场景？

生："我"去母亲工作的地方。

师：去找母亲干什么？

生：去找母亲要钱。

师：你看，抓住了人物、地点、事件，你就能把这场景说得清清楚楚，关注场景（贴板贴），这篇课文的第一个场景就是（对发言的同学）你刚才说的，你来把它贴上去。

**点评：**通过小结语，把找场景的方法在学生们心中强化。

生：（贴板贴）

师：很好，她关注了母亲，找到了第一个场景。那你觉得第二个场景是什么？同学，你来说。

生：应该是"我"向母亲要钱，母亲掏衣兜数钱给"我"买书。

师：我们关注了场景，找到了文中两个场景。那我们根据板书，能不能把这篇课文的主要内容说一说呢？

生：这篇课文讲了"我"想买书，就去找母亲要钱，然后母亲就给"我"钱买书，"我"终于有了自己的第一本短篇小说《青年近卫军》。

师：掌声送给这位同学，请根据提示，自己说一说这篇课文主要讲了什么。

生：（自己说主要内容）

**点评**：检查预习情况，找出场景，把握文章的重要内容。

## 三、品读细节，体会情感

师：（示意学生完成后举手）文中一共有两个场景，其中哪个场景给你的印象最深？

生1：我印象最深的是母亲给"我"钱买书。因为母亲给钱的时候，旁边的一个女人不让母亲给钱，但是母亲仍然把钱给了"我"。

师：孩子，你关注了那个女人和母亲的对话。那么其他人觉得呢？

生2：我觉得进工厂找母亲这个场景让我最难忘。因为在文中有一个片段是母亲为了每月27元的收入去一个加工厂工作，看得出母亲非常爱孩子。

师：在这场景中有让我们感动的地方，而这场景中的细节更是值得我们细细地去品读。（贴板贴）下边我们就来看一看母亲给"我"钱买书这个场景中的这段对话（课件出示对话）。这段对话很特殊，它只有一个提示语，给我们的阅读带来了很大的困难，我们很难区分哪句话是母亲说的，哪句话是"我"说的，那么请同学们拿出笔，用波浪线勾画出母亲说的话，用横线勾画出"我"说的话。

生：（读文勾画）

师：（巡视观察）你来告诉我，哪些话是母亲说的？

生：（读母亲说的话）

师：那此时"我"进工厂找母亲要钱，这段对话应该怎样读呢？

生1：这一段应该嗫嚅地读。因为"我"见母亲那么辛苦，不忍心找母亲要钱买书。

师：你从哪里看出应该嗫嚅地读呢？

生2：他说话有省略号，就说明他说话断断续续的。

师：孩子，你已经关注到了标点符号。是呀，文字中的标点符号是会说话的，这里有几个省略号，请你圈一圈。

生：（圈省略号）

师：（巡视）关注了省略号，我们就可以看出此时"我"在说这话的时候是（看学生）——

生：怯怯懦懦的，还有一点犹豫。

师：那是不是他一进工厂就是这样怯怯懦懦、很犹豫的呢？

生1：我觉得他当时进工厂的时候是非常大胆的，但是当他看见母亲非常辛苦地忙着在机子旁边织布，他懂了母亲的艰辛，所以才怯怯懦懦的。

师：那上边的（指屏幕）哪些不是怯怯懦懦的？

生1：那两声"妈"。应该是大胆地、开放地读。而且要大声读，因为当时工厂环境很恶劣，机器的噪声很大。

师：读得大声，除了大声呢？（看其他学生）

生2：除了大声，他还等母亲转过身来，才确认是自己的母亲。

师：除了这两点，孩子们，刚才我们关注省略号的时候说他读得怯怯懦懦、断断续续的，那这两声"妈"后边是跟着两个什么符号？

生：跟着两个破折号。

师：那这两个破折号也是会说话的呀。（看学生）你们觉得他这两声"妈"应该怎么喊出来？

生1：应该是延长的。

师：声音大，有拖长，我们给他一点声音，孩子们，拍一拍你的桌子。

生2：（全班拍桌子）妈——妈——

师：此时他进工厂可能就是这样在找母亲。但是当他看到母亲的工作环境的时候，他怎么说？他还那样大声吗？谁来试试。

生：我……要钱……

师：声音变得怯怯懦懦、断断续续的，那此时他的母亲又会怎样说？

生1：非常疑惑，有些生气。她觉得这不是孩子该来的地方，他应该好好读书。

师：有点儿生气了，疑惑了，他应该在家里，他来这儿干什么呢？还有呢？

生2：她还会有些担心，他一个人来这里，会不安全。

师：从母亲的疑惑、生气、担心就看出了这深深的慈母情。母亲在说话的时候除了大声，速度又会怎么样？

生：会很快。因为她要赶着工作，要不然就耽误了。

师：孩子，在平时的生活中，你会不会跟妈妈谈话、谈学习？那妈妈对你说话时会不会生气、不耐烦、急切忙碌？她会怎么说？

生：她会好好地与我交谈。

师：而且有时候会叫上爸爸一起坐下来好好谈。此时，作者的母亲在生活中的压力下，不得不把这话说得那么急切，谁来试试？

生：（读句子，上台对话）

**点评**：通过反复品读对话，感受母亲工作的不易。

师：是呀，这样短促的、一句一行的对话是这样的有画面感。在小说中，这样有画面感的对话还有很多。比如《船长》中的这段对话（出示对话）。谁来和老师一起读？

师：此时你有什么感觉？

生：船长很着急。

**点评**：引出《船长》片段，让学生们了解简短的对话可以让读者有很强的画面感，激发学生读小说的兴趣。

师：你看我们从这简短的对话就能感受到课文中紧张的气氛。所以，一句一行的对话让我们感受到了那个画面。孩子们，此时母子的对话背后是有声音的，这声音就是——

生：机器声。

师：让我们还原现场，女孩来读母亲说的，男孩来读"我"说的。

（播放背景音乐，学生对话）

师：是呀，母亲就是在这样嘈杂的环境下工作的。日复一日年复一年。那这样的环境（指一名学生），你来读。

**点评**：通过拍桌子来制造背景音乐，让学生们进一步感受母亲工作环境的恶劣。

生：（读环境片段）

师：通过这段环境描写（板书：环境），让你感到此时母亲工作的环境是怎样的？

生：让我感觉到此时母亲工作的环境非常恶劣、艰苦。

师：你从哪些词语中感受到了母亲工作环境的恶劣、艰苦？请你用笔圈一圈。

（学生读文圈词语）

生：我从"潮湿颓败……"感受到了母亲工作环境的恶劣。

（课件词语变色）

师：就是这样一些词语让我们知道了母亲工作的环境非常恶劣，我们一起来读，我读前两个，你们读后两个，我们配合，看看这些词语给我们呈现出怎样的画面。

师：低矮。

生：压抑。

（师生配合读词语）

生：（齐读词语）

**点评**：把词语画面化，通过师生配合的方法，让学生们在教师的带领下感受语言的魅力。

师：把这样一些有画面的词放到这个环境里边，我们来一起感受。此时，这样的工作环境给了你怎样的感觉？你来读（指名一学生读）。

生：（读片段）

师：这样的工作环境给了你怎样的感觉？

生：让我感觉到母亲的工作非常艰辛，以及挣钱不容易。

师：母亲为什么要在这样恶劣的环境中工作呢？

生：她想赚钱让自己的孩子们吃饱饭，过上好的生活。

师：她不去行不行？

生：不行，因为她为了二十七元的收入。

师：没有这二十七元的收入，就意味着——

生：孩子吃不饱。

师：连温饱都解决不了，母亲工作的环境让我们体会到了母亲的艰辛与不易。我们来看一看当时整个社会是怎样的。

（课件出示背景，学生读资料）

师：整个社会都不容易，而作者的家庭更是如此。

（出示家庭资料朗读音，学生看资料，听录音）

师：你现在有什么样的感受？

生1：母亲不容易，二十七元够他们家生活很久，所以母亲一定要挣钱。

生2：母亲每天不吃早饭，我觉得母亲身体也不是很好。

生3：从"悄无声息"这个词可以看出母亲非常爱孩子。

**点评**：借助文本的补充，丰富学生的感知，读出不一样的"慈母情深"。

师：此时此刻，作者的内心会对母亲产生怎样的感情呢？

生1：对母亲的关爱。

生2：担心母亲。

生3：对母亲的心疼。

师：晚上很辛苦，每天还要在这样恶劣的环境中工作。（指向课件）

生：（齐读环境片段）

师：在这里有一个词出现了很多次。

生："七八十。"

师：它一次又一次，一次又一次地出现，这就是反复。这"七八十"反复出现到底有什么作用呢？我们一起来读一读。

（教师引读，指学生读）

师：如果把这"七八十"只留一个（出示课件），这样的效果又会怎样呢？

（学生读只留一个"七八十"的环境描写）

生1：只留一个"七八十"不能体现出这个环境的恶劣，有很多个"七八十"可以看出有很多的女人为了自己的孩子而来这种恶劣的环境中工作。

师：你关注到的不仅仅是"我"的母亲，还有很多孩子的母亲。

生2：加上这些"七八十"才能写出这里不足二百平米的厂房，体现出这个厂房非常拥挤。

师：你关注到了这个数字，这个地点，这样拥挤，人这样多，环境这样恶劣，"我"的母亲是在这样的环境中工作。

生：（齐读环境片段）

**点评**：通过对环境描写这个细节的品读，学生更加能感受到母亲工作的辛苦，体会到母亲对孩子们深深的爱。对"七八十"反复出现的对比，增强了文章的感染力，加深了对母亲工作辛苦的理解。

师："我"忍受着这震耳欲聋的声音，"我"穿过一排排破缝纫机，在一个角落里终于看到了一个（出示19段）。

生：（读19段）

师：你们发现了吗？这句话也很特别。

生：这句话用了很多个"我的母亲"，看出了母亲很难转过身来，也体现出了母亲非常疲惫。

师：你从哪些词感受到了母亲的疲惫，请你圈一圈？

（学读19段，圈词语）

生：透过"瘦弱的脊背，疲惫的眼神……"看出母亲很吃力。

师：这些词语让我们感受到了母亲工作的不容易。

生：（齐读词语，齐读19段）

师：三个"我的母亲"，作者的情感一样吗？当我看到"一个极其瘦弱……我的母亲"，此时"我"的内心在想——

生：母亲为他们挣钱的不容易。而且她凑得这么近说明工作很认真，她这么认真工作就是为了供孩子们上学，供他们吃，养育他们。

（学生读句子）

师："转过身来了，我的母亲。"此时"我"内心又在想——

生：和平时看到的母亲不一样，他很吃惊：这是我的母亲吗？

（示意此学生读句子）

师：当我走近一看，我发现"褐色的口罩……我的母亲的眼睛"，此时"我"内心又会在想——

生：我的母亲为了挣钱养家，每天都这么忙碌，经常加班到深夜，把自己弄得很疲惫。

（示意此学生读句子）

师：你已经走进了母亲的内心。当"我"越来越走近，细看"我"的母亲时，"我"仿佛看到了（出示课件补白）——

生1：母亲原本黑亮亮的头发如今已有了一些雪白的颜色，我的母亲。

生2：母亲的手上一个接一个的茧子，布满茧子的双手还在忙碌着，我的母亲。

生3：满脸皱纹的，我的母亲。

师：此时的"我"内心会有很多的话想对母亲说，这都化作了（课件出示）——

生：（齐读19段）

**点评**：通过补白的方式，让学生们想象画面，母亲还有什么地方与平时不一样呢？切实感受母亲的伟大。

师：如果你看到一个母亲挣钱的场面，看到一个与记忆中完全不一样的母亲，此时你的内心会怎样？

生：觉得母亲非常辛苦，我很感动，觉得应该做点什么来报答母亲。我感觉母亲很伟大，为了我们一家的生活而辛苦赚钱。

师：母亲就是这样日复一日、年复一年地在嘈杂的环境中变成这样的。

（指一学生读19段）

师：为了供养我们，母亲变成了这样，女孩读。在生活重担的压迫下，所有的母亲都变成了这样，全班读。所以作者这样说。

（出示课件，配乐教师朗读，学生朗读）

**点评**：反复朗读，在读中感悟，在读中见情。

## 四、激情小结，引起共鸣

师：文中母亲的形象就像刀一样深深地刻在了"我"的心里，梁晓声也用文字把这深深的慈母情刻在了我们所有孩子的心里。今天，我们跟随梁晓声体会了深深的慈母情，我们关注了场景，品读了细节，下节课，我们将在品读细节的同时，继续感受这深深的慈母情。谢谢同学们。

### 💬 伙伴的话 ●

　　杨老师这堂课的教学紧扣单元要素、课时目标。通过找场景，品细节，感受伟大的母爱。在教学中，杨老师还注重通过朗读体会"我"对母亲的情感。杨老师注意学生学习方法的渗透与训练，关注语言表达独特的句子，学习表达方法，感受人物情感，让深深的慈母情感染着学生们和现场的每位教师。

### 👤 罗老师的话 ■

　　杨娅菊老师执教的《慈母情深》从单元整体出发，准确把握单元语文要素，引导学生想象作者描写的场景，抓住标点、关键词语等品读细节，深入体会作者的情感，尤其抓住文中语言特色鲜明的语句进行比较、揣摩，品读体会其表达效果，深刻领会文本所要表达的人文精神。阅读课的生命就在于教师为学生与文本之间创设桥梁进行对话，杨老师在教学中不断创设情景，引导学生通过朗读去感悟文本中蕴含的丰富情感。杨老师在教学时还注重和学生生活的紧密联系，运用资料的补充让学生们从不同角度体会慈母情深。在教学过程中，有些地方的学习指导还不够扎实，以致学生们的体会仅仅停留在母亲工作的不容易，在此可以引导学生们用不同的语言表达自己的想法。

# 《父爱之舟》课堂实录及点评

中华小学　祝春梅

**个人简介**

祝春梅，小学一级教师，昆明市学科带头人，昆明市第五届罗蓉名师工作室成员。任教以来多篇论文和竞赛课在省市中获奖。曾获得"云南省省级优课名师""昆明市先进工作者""昆明市名班主任""呈贡区首届名师""五华区先进工作者"等称号。教育理念："诗意的生活真是美妙，它随性而发，乘兴而归，兴之所至而又激情澎湃；诗意的教育真实美妙，它顺着自然而然的状态，培养自然而然的人。"

## 一、课前谈话

在上课前，老师请同学们听一首歌，边听边注意歌词想象画面，然后说说你的感受。

歌曲中的父亲是忙碌、慈爱的，今天我们学的课文也与一位父亲有关。

## 二、教学过程

### （一）导课

出示"舟"的象形字。

师：猜猜这是什么字？

师：自古以来，"舟"背后的文化内涵很丰富，值得我们细细品味，作者吴冠中对小舟情有独钟，他与小舟有着怎样的故事？让我们走进本课去寻找答案吧。（板书课题）

**（二）学习过程**

**1. 关注课题"舟"**

师："舟"在本文中一共出现了几次？请自读课文。（聚焦3、8、9自然段，共三次）

学生朗读相应段落。

师："舟"在"我"生活中承担了什么角色？

生："舟"承担着送"我"离开家乡去报考学校、上学、节省路费的作用。

**教师小结：**"舟"在"我"生活中承担着报考学校和上学的角色，而报考学校和上学是"我"生命中重要的转折点。因此，舟在本文中的作用很重要。

**点评：**《父爱之舟》是本课的题目，为什么要以"舟"作为题眼这是值得深思的。在开课时，我就设置了这样一个环节，目的是让学生关注"舟"在"我"生活中的作用，它不仅是一种水乡特有的交通工具，更是"我"生命发生改变的见证。

**2. 找场景，理内容**

师：有舟的地方总伴随着父亲的身影和忙碌的场景，与父亲之间的哪些生活场景令"我"印象深刻，请大家用上节课学过的找场景的方法（关注时间、地点、人物、环境的变化）再次默读课文，找找本文的场景。

生：（关注第3自然段，学生概括）

师提示：概括场景内容可抓住父亲为"我"做的事情，这样就能将场景概括完整，大家再找找。

生1：第3自然段送"我"去报考学校，在船上睡觉。

师：概括为客栈换房。一定要关注场景。

（学生结合教师的提示，课件出示小标题）

第2自然段：半夜喂蚕、买枇杷吃。

第3自然段：客栈换房。

第4自然段：父子逛庙会。

第5自然段：背"我"上学。

第6自然段：凑钱上学、为"我"铺床。

第7～8自然段：送"我"报考。

第9自然段：送"我"入学、缝补棉被。

**点评**：本课是散文，最大的特点是场景分散在文中的各个部分，而且篇目很长，如何让学生快速梳理课文内容，从而找到分散的场景？在细读文本后，我发现：本课的构段方式很特别：基本上一个自然段对应一个场景，因此，只要引导学生抓住父亲为作者做的每件事，就能梳理出文章大意，也能准确找到每个场景，还能发现作者构段的巧妙之处。

刚才用找场景的方法梳理了课文内容，从这些场景中，你发现了什么？

生1：父亲所做的事都是为了"我"。

生2：都是令"我"难忘的事。

**3. 勾连文章找方法**

师：《慈母情深》一课中，作者对母亲的语言进行了细致描写，塑造了一位慈母形象，本文丝毫没有对父亲的语言进行描写，作者又是怎样表现浓浓的父爱的呢？文中的场景描写一定有令你印象深刻的，一定有一些细节打动你，选择你印象深刻的场景，边读边想象，把你感触最深的语句圈出来，并做简单的批注。（板书：心理、动作等细节描写）

生1：客栈换房，我体会到"我"对父亲的理解。

生2：向姑爹借船，表现家境的贫穷，体现父亲对"我"的期望。

师：大家都关注了文章的细节描写，在本文中大多是动作描写。（板书：动作）

**点评**：此环节的设计不仅勾连了前一篇《慈母情深》中找场景的方法，并对此方法做了延伸，教师还引导学生关注两篇文章的细节描写，从比对中发现描写的侧重点不同，学生感悟描写方法不是一成不变的，只要是能凸显文章内容的方法，就都是好方法。

**4. 重点场景悟深情**

师：我们一起来关注作者着墨最多的场景——父子俩逛庙会。（学习第4自然段）

自读课文，了解作者描写的庙会。

师：你们知道什么是庙会吗？（加入庙会资料的介绍）

生：庙会在秦代就有了，是用来祭祀的。

教师评价：广泛地阅读才能深入理解文章内容，一定要注意日积月累。

学生齐读庙会资料的介绍。

师：用一个词来介绍，你觉得这是怎样的庙会？

生1：人山人海的庙会。

生2：盛大的庙会。

师：读第4自然段，这场庙会给你留下了怎样的印象？具体从哪里感受到了庙会的热闹？边读边用横线勾画出来，请同学读后谈感受。（课件出示）

学生交流后，齐读描写庙会"吃"的部分和"卖玩具"的部分。

师：看看另一位作者笔下的庙会是什么样的？（资料链接一）（请班上擅长朗读的同学逐段朗读）

师：听完以上同学的朗读，你有什么感受？

生：美食种类繁多，我很想吃。

师：作者只写了庙会中很小的一部分，就让我们垂涎欲滴，文中的庙会是两年一度，让我们读出了盛大的感觉。

生：朗读本段。

教师评价：继续努力把每一次发言都当作锻炼的机会，那样你会更棒！

在热闹的庙会上，好吃的、好玩的应有尽有，让人目不暇接，难怪对于当时只是孩子的"我"来说是无比快乐、高兴的。让我们读出庙会的热闹，读出"我"的兴奋。

全班齐读本段。

为什么作者在写本段时，要刻意加入对庙会这一场景的描写呢？这一自然段在课文中的作用是什么？

生1：这两年一度的庙会令"我"难忘。

生2：突出"我"家境的穷困。

师：面对如此热闹，文中的父子俩在干吗？读课文用波浪线勾画出来。

教师引导学生概括：找偏僻的地方，吃凉粽子、热豆腐脑，自制万花筒。

师：从中你感受到了什么？

（再出示另一组词：人山人海、密密层层、各式各样）

师：对比两组词，你又发现了什么？

生：一组是形容庙会的盛大，一组是形容"我"家境的贫寒。

教师请一个学生读词，引导其读出画面感。

教师总结朗读方法：读出词语的温度，就能读好文章。

师：一边是人山人海、各色美食应有尽有的庙会，一边是父子俩孤独的身影，这一对比反差巨大，更凸显"我"家境的贫寒，让我们再读本段，读出庙会的盛大，读出父子俩的清贫。

男、女生互读。

师：这里的场景描写用了对比的手法，突出父子俩日子的艰苦。（板书：对比）

师生互读，教师随即提问：哪些词语和句子刺痛了你的心？

生1：从"偏僻"感受父子俩不仅吃了凉粽子，还选择了偏僻的地方，这里刺痛了我。

生2：童年的玩具强调家境的窘困。

生3：父亲自己不吃，却要"我"吃，体现了父亲对"我"的爱。

走近人物，还原人物内心独白。（角色转化）

情境1：（父亲）两年一度的庙会，到处都被围得水泄不通，各种叫卖声不绝于耳，看各样彩排着的戏人边走边唱，看踩高跷（qiāo）走路，看虾兵、蚌（bàng）精、牛头、马面……人山人海，卖小吃的挤得密密层层，各式各样的糖果点心、鸡鸭鱼肉都有。走了大半天了，我和孩子肚子都饿了，看着孩子盯着这些香甜可口的食物，作为父亲的我在想……

生1：父亲心里很矛盾：想给孩子买好吃的，可仅有的钱还要给孩子上学用。

（看着孩子双眼紧盯食物的馋样儿，又不能让孩子每样都尝尝，父亲心里很难过）

生2：别的孩子手里拿着好吃的，再看看我的孩子，实在觉得心里愧疚。

（"我"）我和父亲逛了好半天，肚子"咕咕"直叫，看着眼前各式各样的糖果点心、鸡鸭鱼肉，闻着那扑鼻而来的香味，我咽了咽口水，心里在想……

师：孩子，为什么你不敢让父亲买？为何不忍心让父亲买？

生1：父亲赚钱不容易。

（创设情境2　理解"恋恋不舍"）

情境2：（父亲）时间很快就过去了，该回家了。看着孩子在摊位前驻足很久，恋恋不舍的样子，我在想：

（"我"）我拉着父亲在人群里穿梭，看那最吸引人的皮影戏，"仙鹤"的脖子伸缩自如，一会儿低头"捉鱼"，一会儿抬头望远，有趣极了。卖玩意儿的也不少，彩色的纸风车、布老虎、泥人、竹制的花蛇……我心里恋恋不舍地想：

生1：我想买，却又不忍心。

生2：父亲已给我买了热豆腐脑，我不能再让父亲为难。

师：（孩子的角度）同学们，这些玩意儿你们玩过哪一样？你有过被某一件玩具深深吸引的感受吗？这是一种什么感受？

生1：特别想要，自己赚钱也要买。

生2：想把好玩的东西放在手里。担心被卖完。

**教师小结**：这样思念着一直想拥有的感觉就是恋恋不舍。明知道不能买，却又抑制不住想念，这对于一个孩子来说是多么煎熬呀！

情境3：（父亲）时间很快就过去了，该回家了。看着孩子在摊位前驻足很久，恋恋不舍的样子，我在想：

生1：为什么我不做一个玩具给孩子？

生2：（父亲的角度）爱玩玩具是孩子的天性，父亲也是从孩子长大的，他怎么会不理解孩子的感受呢，可是因为家境的贫困，以及孩子的懂事，更让他觉得难受。

师：用情齐读课文，读出父亲心中的愧疚，读出孩子内心的懂事。（板书：内心活动）

时光流逝，一晃许多年过去了，父子俩穷逛庙会的场景常常浮现在"我"的脑海中，回忆起当年的往事，"我"丝毫不觉得日子过得苦，反而觉得幸福，你从本段中哪里感受到的？

生1：父亲做的万花筒，孩子有收获。

生2：父亲给了孩子温暖，孩子更加懂事。

生3：父亲给孩子的爱使得孩子精神富有。

教师出示"我"长大后资料的介绍，鼓励学生从资料中提炼关键信息。

师："启迪"的意思是什么？启发和教化。从中感受到父亲对"我"的影响之深。

师："深情读，读出'我'内心的幸福与对父亲深深的怀念。"

**点评**：只有深入地挖掘文本内容，学生的思维品质才能得到提升。本单元的语文要素是"体会作者描写的场景、细节中蕴含的感情"，为了让学生在与文本相遇的过程中感受逛庙会这一场景细节描写的特别之处，我设计不同层次的问题，创设了三次情境，指导学生进行有梯度的朗读：第一次读出庙会的盛大，读出父子的清贫。第二次读出父亲心中的愧疚，读出孩子内心的懂事。第三次读出"我"内心的幸福与对父亲深深的怀念。从三次朗读中，学生领悟了作者细节描写中传递的感情。

### 5. 巧借板书显文体

同学们，你们知道吗？这是一篇回忆性散文。作者在写这篇文章时，父亲已经去世。对父亲的深深思念只能依托梦中相见。（板书补充完整）这一个个分散的场景（课件出示）似乎联系不大，实则是作者有意安排，这些场景中，通过刚才的学习，你发现是怎样的一条线把它们连在了一起？（是父亲对孩子浓浓的爱，以及孩子对父亲深深的怀念）正是通过这样的一条线，把作者与父亲生活的一个个场景串联起来，形散神聚，这是散文的特点。

**点评**：本课结尾设计了两个环节：第一，强调本文的文体特点是散文，并利用板书强化散文形散神聚的特点，希望通过一篇文章让学生认识一种文体。第二，将板书设计成图文结合的方式，兼具美感的同时，为下文解释为什么此文要以"父爱之舟"为题做了铺垫。

**结束**：作者是一位绘画大师，可他为什么说何时能用自己手中的笔把载着父爱的小船画出来呢？继续走进本课，感受散文的魅力。

## 三、板书设计

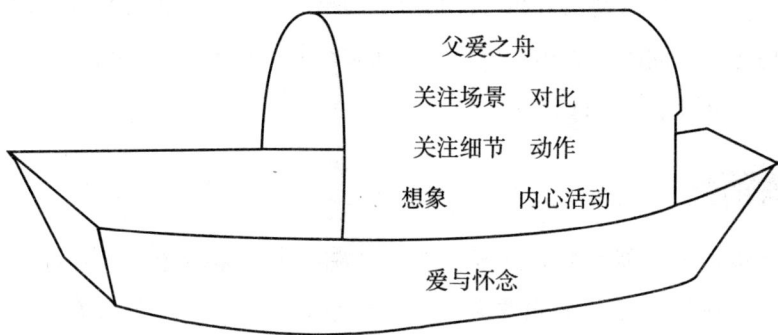

父爱之舟

关注场景　　对比

关注细节　　动作

想象　　　　内心活动

爱与怀念

## 四、资料拓展

资料一：

道路两旁，按区域划分，摆着各种特色的摊位，一个挨一个，数不清有多少个，用俗套的词语形容，那真叫琳琅满目，应接不暇。特别是美食区，叫卖声此起彼伏，一个比一个响亮。"济南名产，黄家烤肉，外焦里嫩。"凑过去看看，确实好，只是年龄大了，不大喜欢吃肉。

"俄罗斯大面包，十块钱三个！"真像我们在哈尔滨买过的俄罗斯面包，表皮颜色深，体量特别大，关键是特便宜。"老板，来十块钱的。"接过来，一大包，鼓鼓囊囊，挺实惠。

"新疆薄皮核桃，大减价，十块钱一斤！"要搁平时，在超市里，不下二十块钱。这么便宜，得买。先尝尝，味道还比较纯正。"老板，来二斤！"眨眼工夫，我俩手里又多了二斤核桃。

"云南桂花糕，又香又甜！"凑过去看看，一打眼，便饱了眼福：一大圆盘，一层层，赤橙黄绿，色彩缤纷，又晶莹润泽；切开的每一条都有好几段颜色，更加诱人。闻着也香甜。"老板，来两条！"

肚子有些饿，抬头看天，日头已正中。就去临时搭建的美食城各买了一碗凉皮，就着云南桂花糕吃起来。桂花糕甜而黏，凉皮凉爽咸香，搭配起来，既可充饥，又满足了舌尖之欲。

资料二：

吴冠中（1919—2010），江苏宜兴人，当代著名画家、油画家、美术教育家。"法国文艺最高勋位"和"巴黎市金勋章"得主，20世纪现代中国艺术的代表人物之一。油画代表作有《长江三峡》《北国风光》《小鸟天堂》等，个人文集有《吴冠中散文选》等。

## 伙伴的话

祝老师的课思路清晰，环节清楚。开课时出示象形字"舟"的图片，让学生感受"舟"背后的文化意义。之后的一个教学环节让学生思考"舟"在"我"生活中的作用，这样的设计看似不经意，实则关联了"舟"在"我"生活和生命中的意义，这是对文本深度的思考。本课教学最大的亮点是对重点场景——逛庙会的学习，不仅逛庙会是作者着墨最多的一处场景，还因为这个场景很典型，从一系列的细节描写中流淌出浓浓的父爱。祝老师在教学时链接了两处拓展资料，一处是描写庙会吃的部分，目的是让学生理解庙会场面的盛大；另一处是作者长大后的资料介绍，目的是让学生明白父亲的爱一直陪伴在儿子的左右，是儿子创作的源泉。为了引导学生深入体会父爱的无私，祝老师创设了三处情境：第一处，面对各色诱人的食物，父亲怎样想？儿子又怎样想？第二处，面对琳琅满目的玩具，儿子驻足在摊位前，父亲会说什么？儿子如何想？第三处，父亲看见儿子在摊位前恋恋不舍的样子，心里是怎么想的？学生在教师创设的情境下结合自己的认知和想象一步步走进人物内心，感受人物的喜怒哀乐，此时，呈现在学生眼前的不再是文中的情境，而是你我真实的生活，这样的父爱怎能不令人感动？这样的故事怎能不令人动容呢？此时教师在读者心中搭起了一座桥，让读者在文章中看到了自己，这样的体验是如此深刻。

## 罗老师的话

　　祝老师执教的《父爱之舟》课时特点突出，教学目标清楚。本课是一篇回忆性散文，篇幅长，场景多。如何让学生在课堂上用仅有的时间准确找到这些场景并体悟细节中流露的父爱，只有重在方法的指导，才能把本单元的语文要素落实在本课中。整堂课方法的指导和情境的渲染环节较多。为了梳理本课的内容：教师第一次勾连《慈母情深》中找场景的方法，落实本课的场景。第二次尝试用归纳段意的方法概括各场景的内容，搭建归纳的支架"找到父亲为儿子做的事"并提炼成小标题。在重点学习逛庙会这一场景时，祝老师加入了两处资料的链接，这两处资料的链接恰到好处地让学生感悟到庙会场景的盛大，对学生的深深吸引和"我"成年后不忘父亲恩情的强烈感受。之后创设的三个情境分别是令人垂涎欲滴的食物和诱人的玩具，引导学生分别从父亲与孩子的角度谈各自的想法。这三个情境的创设既真实地再现了文中的情节，又贴近学生的生活，令学生的想象合情合理。

　　在朗读方面，教师留给学生充足的时间，基本上每一个环节的设置都促使学生去朗读、感悟，特别是逛庙会中朗读要求明确，通过对比指导学生有层次地朗读：第一次读出庙会的盛大，读出父子的清贫。第二次读出父亲心中的愧疚，读出孩子内心的懂事。第三次读出作者内心的幸福与对父亲深深的怀念。

　　教师的设计意图是指导学生更深入地理解文本，但在授课环节，教师的课堂调控出现了前松后紧的状态，导致学生的朗读并未达到预期效果。如果教师在问题的设计上再精简一些，留给学上足够思考的时间和空间，学生在与文本的相遇中一定会碰撞出更加耀眼的火花。

# 《"精彩极了"和"糟糕透了"》教学实录及点评

五华区武成小学　杨雨婷

**个人简介**

　　**杨雨婷**，一级教师，任职于武成小学教育集团。昆明市教坛新秀，昆明市第五届罗蓉名师工作室成员，五华区教坛新秀。任教以来，多次获得"五华区优秀中队辅导员""优秀班主任"等荣誉称号，所带班级多次获得各项荣誉。教学风格清新自然，始终坚持在学习中丰盈自己，用教师的智慧点燃学生思维的火花，努力使学生得法于课内，得益于课外。

## 一、激趣导入，板书课题

　　师：今天，我们要跟随课文聆听一位美国畅销书作家的故事，老师请一位同学读一读关于他的介绍。（学生读作者介绍）

　　（PPT出示巴德·舒尔伯格资料：美国著名畅销书作家。在他68年的写作生涯里，共创作了34部作品，其中13部被拍成电影或搬上舞台。所创作的《码头风云》曾荣获奥斯卡最佳影片、最佳导演、最佳故事剧本等8项大奖）

　　师：孩子，谢谢你。读得非常流畅。听了他的介绍，你们有什么感受？

　　生：我觉得巴德·舒尔伯格很优秀。

　　生：我认为巴德特别厉害，他在美国这样一个人才辈出的国家还能取得这么多荣誉，可以看出他很厉害。

　　师：是的，他取得这么多荣誉的背后源于他在8岁时写了一首诗，得到了父母不同的评价。（引读课题"'精彩极了'和'糟糕透了'"）读了课题，你们有什么发现吗？

生1：我发现"精彩极了"和"糟糕透了"分别是巴迪母亲和父亲对他说的话。

生2：我发现"精彩极了"和"糟糕透了"是一对反义词。

师：你能把这对反义词的意思用朗读表现出来吗？

学生朗读。

**点评**：课堂上先从主人公入手，从课题入手，通过质疑课题设下悬念，激发学生的阅读欲望，形成阅读期待。

## 二、走进"童年的故事"，整体感知课文场景

师：到底为什么同一首诗父母会给出截然不同的评价呢？让我们一起走进课文去寻找答案吧。请同学快速浏览课文，结合课题和课文内容，说说课文讲了一件什么事情。

生：巴迪小时候写了一首诗，得到了母亲极大的表扬，他充满期待地等待父亲回来给他评价，结果等到的却是"糟糕透了"的评价，他非常伤心，可是几年后，他重新看那首诗时，不得不承认这首诗确实很糟糕，最后才明白父母的爱只是表现在不同的方面。

师：讲得清楚明白，抓住了课文的重点来讲述。

师：孩子们，这篇课文是本单元的略读课文，请同学读一读自学提示。（学生读）

师：要想解决课文提出的问题，就要用到之前两篇课文《慈母情深》和《父爱之舟》所学的方法，抓住课文中场景和细节的描写，体会人物的情感。请同学们默读1～14自然段，找找课文描写了哪些场景。老师给予一点提示（出示《父爱之舟》的场景梳理图）：之前课文学习中，我们关注了人物、地点、时间、事件、环境的变化，找到了文章描绘的场景。现在就用这些方法去找一找吧。（学生勾画批注）

生：我找到的场景一是母亲读诗，场景二是焦急等待，场景三是父亲读诗，场景四是父母争吵。

**点评**：本单元是学生在小学阶段第一次正式接触"场景描写"这一概念，找场景描写对一些学生来说是有一定难度的。在这个环节，教师出示了前一篇

课文的场景，引导学生回忆找场景的方法，给学生搭建了支架，降低了难度。

## 三、再次走进"童年故事"的场景，体会父母爱的表现和巴迪的心情

师：就让我们再次走进这些场景去感悟，请同学们读1～14自然段，勾画出体现母亲和父亲爱的细节描写，想想这是一种怎样的母爱和父爱。小组讨论。

师：在前面两篇课文中，我们是抓住什么细节描写来体会父母的爱的？

生：我们抓住了人物的动作、语言、神态、心理等细节去体会的。

**学生交流汇报：**

生：我找到的是这一句："母亲一念完那首诗，眼睛亮亮的，兴奋地嚷道：'巴迪，真是你写的吗？多美的诗啊！精彩极了！'她搂住了我，赞扬声雨点般落到我身上。"从这句话中，我感受到了母亲非常开心、激动。

师：你能把母亲这种兴奋、激动读出来吗？（学生读句子）

生：我找到的是这一句："我既腼腆又得意扬扬，点头告诉她这首诗确实是我写的。她高兴得再次拥抱了我。"从"妈妈高兴得再次拥抱我"，我感受到了母亲十分开心。

师：你的朗读中让我们感受到了母亲的开心。

生：我找到的是这一句："'亲爱的，我真不懂你是什么意思！'母亲嚷道，'这不是在你的公司里。巴迪还是个孩子，这是他写的第一首诗，他需要鼓励。'"从这里我感受到了母亲不认可父亲对巴迪的批评，她认为巴迪需要鼓励。

师：是的，母亲对孩子的鼓励你读懂了。同学们，刚才几位同学分别对母亲的动作、神态和语言描写进行体会，让我们感受母亲的喜悦和激动以及对"我"的鼓励。

师：母亲的爱是那么显而易见，而父亲却那么严厉地批评了年少的巴迪，他是否爱巴迪呢？我们一起去文中找一找。

**学生交流汇报：**

生：我找到的是这一句："快到八点钟时，父亲终于推门而入。他进了饭厅，目光被餐桌上的那首诗吸引住了。我紧张极了。"我认为父亲是爱巴迪

的，否则他不会在辛苦工作了一整天后，一进门就关注到了巴迪写的诗。

师：你是个善于观察细节的孩子。

生："诗只有十行，可我觉得他读了几个小时。"这句话让我仿佛看到了一个认真品读孩子写诗的父亲。

师：是的，父亲希望能从专业的角度给予巴迪写诗的启蒙教育，因此读得那么认真。

生：我找到的是这一句："'我看这首诗糟糕透了。'父亲把诗扔回原处。"虽然这里是父亲对巴迪的批评，但我认为父亲是希望他能真正写好诗，所以才批评了他。

师：你是巴迪父亲的知音，理解了他的用心良苦。

师：老师也找到了同学们容易忽略的一句话："饭厅里，父母还在为那首诗争吵着。"你从中体会到了什么？

生：我感受到父亲是真的爱巴迪，母亲也爱他，否则两人就不会仅仅因为一首诗而争吵，他们都是希望巴迪可以变得优秀。

师：是的，从你们的朗读和感悟中，我们感受到了父亲藏在严厉背后对巴迪深沉的爱和期望。可是当时的巴迪能明白父亲的苦心吗？在这一天里，巴迪的心情经历了大起大落。如果让你摆一摆这些场景图的高低变化来表现巴迪心情的跌宕起伏，你想怎么摆？

学生摆心电图：高兴—急切—紧张—难过。

**点评：**让学生带着有价值的问题认真地读书，让他们在读中自我发现、自我感悟，处处与文本进行对话，抓住训练重点"体会作者描写的场景、细节中蕴含的情感"，恰当定位主题，通过合作探究的方式，激励学生主动学习，提高他们的学习兴趣和合作学习的能力。

## 四、联系生活，感受爱

师：是啊，同一首诗，父母为什么会有截然不同的评价呢？后来巴迪又是怎样看待这件事的？浏览课文15～17自然段，在小组内交流体会。

生：母亲是出于对巴迪的鼓励，而父亲的评价却是一种严厉的爱的体现。

师：年少的巴迪不懂父亲的严厉，后来他又是怎么看待这件事的？

生：我从15自然段了解了巴迪认为年少时他写的那首诗确实是"糟糕透了"，不得不承认父亲说的是对的。

生：我从最后一个自然段看出巴迪理解了父母对他的不同评价：我从心底里知道，"精彩极了"也好，"糟糕透了"也好，这两个极端的断言都有一个共同的出发点——那就是爱。在爱的鼓舞下，我努力地向前驶去。

师：是的，要是巴迪的人生中只有"精彩极了"的评价，他会（学生回答）——误入歧途。

师：要是他的世界里只有"糟糕透了"的评价，他会（学生回答）——失去创作的信心。

师：让我们一起再读一读这句话。（全班齐读）

**点评**：通过阅读、感悟来理解父母两种不同评价中包含的爱，让学生在读中感悟，读中求解，读中品味，读中明理。

## 五、拓展延伸，感悟爱

师：长大后的巴迪终于明白，一个人的生命中不仅需要"精彩极了"的鼓励，还需要"糟糕透了"的警告。孩子们，你有过与巴迪类似的经历吗？说一说当时的情景和你的感受。学了这篇课文，你又会怎样面对来自父母的赞扬和批评呢？

生：我第一次做蛋糕，做得虽然不好看，也不美味，但妈妈却说很好吃，表扬了我。当时我非常感动，我知道自己做得不够好，于是我就不断改进。

生：我第一次写日记的时候，写得很平淡无味，妈妈说让我多用上好词好句，而爸爸却说不需要有一些华丽的表达，只需要表达出我的真情实感。我认为父母的做法都是对的，妈妈希望我能在写作水平上有所提高，而爸爸希望我能学会表达自己内心真实的想法。

师：孩子们，在人生的旅途中，有鲜花盛开的阳光大道，也有荆棘丛生的山间小路。在生活的道路上，我们渴望拥有"精彩极了"的赞美，却难免遭受"糟糕透了"的打击。当生活的小船航行在茫茫的大海中，愿我们谨慎地把握住航向，使它不因"精彩极了"而搁浅，也不因"糟糕透了"而倾覆。而是在爱的鼓舞下，勇往直前，扬帆远航！下课！

点评：课标要求，注重密切联系学生的生活现实，因为生活即语文，语文即生活。真正实现"教材生活化，生活教材化，从生活中来，到生活中去"的教育目标。本单元口语交际的话题是"父母之爱"，在教学本环节时，通过联系生活实际，让学生从教材延伸到生活中，进一步增进体验，实现语言与思维发展的同步。因此，这篇课文的学习为口语交际奠定了情感基础，这个环节的设计有助于学生更加客观、理性地看待父母之爱，在与父母的相处过程中形成正确的态度取向。

### 🗨 伙伴的话

语文教学要注重语言的积累、感悟和运用，给学生打下扎实的语文基础。在这节课中，杨老师紧扣单元语文要素和本课的学习提示，带领学生在课内外文本中穿梭，重视组织学生进行扎实的语文实践活动去体会父母之爱，在读、悟、议、联系生活的过程中解决重难点，力求在各项实践活动中使学生的语文能力得到整体提高。

### 👤 罗老师的话

在本堂课的教学中，杨老师着力构建了"读中悟，悟中读"的教学法。以读为本，着眼于学生的自主学习。在课堂上，让学生自我感悟，悟情明理，让更多的学生参与了学习，课堂气氛较活跃。整节课的教学都是引导学生用前两节课学习的方法，走进场景，抓住人物的语言、动作和心理活动等细节描写的语句品析了父母不同爱的表现。在品读课文内容的同时，注意关联了下节课的口语交际，实现了单元整体教学的前后勾连。整个课堂有词句的品析，有情感的体验，有人文的教育，让学生真正实现了自主学习。

# 《口语交际——父母之爱》课堂实录及点评

高新第四小学　陈艳楠

**个人简介**

　　陈艳楠，昆明市第五届罗蓉名师工作室成员，一级教师，昆明市名班主任，高新区骨干教师，高新区优秀班主任，高新区最美班主任。现任昆明高新第四小学语文教师，教科研室主任。曾获首届"蓝宝石"杯全国青年教师课堂教学大赛一等奖，多次参与或主持市级、区级课题研究，多次参与国培送课计划，代表工作室到九乡、泸西等多地送教下乡并获得一致好评，同时，撰写的论文先后荣获国家、省级等奖项。始终坚信：教育意味着一棵树摇动另一棵树，一朵云推动另一朵云，一个灵魂唤醒另一个灵魂。

## 一、回顾人文主题，感知父母之爱

师：同学们，如果让你用一种颜色形容你父母给你的感觉，你会选什么颜色？

生：我的爸爸给我的感觉是蓝色，因为他很严厉。

师：严厉是父亲表达爱的方式，其他同学呢？

生：我的妈妈是粉色，因为她很疼爱我，如粉色一样温柔。

师：你真是心思细腻的孩子。生活就像一个调色盘，无论是暖色，还是冷色，都是父母留给我们的爱。

师：说到爸爸妈妈的爱，这个单元我们学习了三篇课文，一起读。

生：《慈母情深》《父爱之舟》《"精彩极了"和"糟糕透了"》。

师：这三篇课文的细节和场景当中描写的都是父母之爱，把手抬起来跟老师一起写课题。（教师板书，学生书空）

（PPT课件出示三篇课文，学生齐读课题）

**点评**：关联本单元前面三篇课文，引导学生回顾三篇课文的场景及细节初步感知不同作者笔下的父母之爱，形成整体认知，有助于学生结合文本感悟和生活体验理解父母之爱。

## 二、明确语文要素，出示交际主题

师：你怎么理解父母之爱？谁来读读学习要求？

（PPT课件出示学习要求）

生：结合三篇课文中某篇文章的细节和批注，说说自己对父母之爱的理解；同桌交流时，仔细倾听，有需要适当补充。

师：请坐！谢谢你！同学们，现在请结合三篇课文和同桌互相谈一谈你怎么理解父母之爱。

（生同桌讨论，师巡视）

师：谁来说一说？

生：我认为父母的爱是严厉的、是温和的，在《"精彩极了"和"糟糕透了"》里面，父亲的批评和母亲的赞扬分别表现出了父母的爱是严厉的、温和的。

师：请坐，你表达得很清楚。孩子们回顾一下，他认为父母的爱是怎样的？

生：是严厉的、温和的。

师：他的观点说清楚明确了吗？

生：说清楚明确了。

师：是的，他的观点很清楚明确。他选择了哪篇课文中的场景来证明父母的爱是严厉的？

生：他选了《"精彩极了"和"糟糕透了"》中父亲的表现。

师：你是个善于倾听的孩子！他选择《"精彩极了"和"糟糕透了"》这个场景来证明父爱是严厉的，你认为恰当吗？

生：恰当！

师：是的，刚才这位同学的观点是父亲的爱是严厉的，观点做到了明确，而且选择了文中的材料来证明他的观点，谁能像他这样说清楚你的观点？

师：请你来！

生：我觉得父母的爱是变幻莫测的，因为有时候父母高兴就对我们很温柔；有时候父母很生气就对我们很严厉。

师：我发现他很会客观地看待问题，确实是这样，有时候父母的爱让我们觉得很难理解。那同学们来判断一下，刚刚他在说的时候观点明不明确？

生：明确。

师：他选择课文中的材料来说了吗？

生：没有。

师：你可以自己调整一下再说吗？

生：我认为父母的爱是变幻莫测的，因为在《父爱之舟》中，父亲对"我"很温柔的爱，在《慈母情深》中，母亲对"我"的爱是慈祥的，在《"精彩极了"和"糟糕透了"》中，父亲对"我"的爱是严厉的，母亲对"我"的爱是温柔的。

师：同学们，现在他的观点说清楚了吗？

生：说清楚了。

师：他还选择了恰当的材料，老师觉得咱们班的孩子一个比一个更会表达。最后一次机会，谁来试试？

生：我认为父母的爱是无私的、多变的。我从三篇课文中看出父母的爱有的是慈祥的，有的是严厉的，还有的是温和的，但是都是无私的。

师：掌声送给他。

师：是的，就像这位同学所说的一样，虽然父母的爱看上去表现的方式不一样，但是他们表达的本质都是一样的！回顾一下，刚才我们在发表自己观点的时候，我们不仅把自己的观点明确地说了出来，还结合了已经学过的三篇课文，用这些材料来证明自己的观点。

（板书：观点明确，选材恰当）

**点评**：由文本内容想开去，学生自然会想到生活中的体验，随着文本链接到父母疼爱自己的画面，趁机创设学生自由谈看法的氛围，在交谈中轻松引出交际话题：父母之爱形式不同，但本质相同。

### 三、人物情境带入，小组尝试交流

师：除了课文中提到的父母，有这样一位母亲也在用她的方式表达着对孩子的爱。

（PPT课件出示王小雅事例：王小雅的妈妈每天帮她收拾房间，整理书包，还陪她写作业。有一次，妈妈连续几天不在家，王小雅不是忘了带文具盒，就是忘了带作业本，自己的房间也是乱七八糟的）

师：默读王小雅事例并思考：你认为这是一位怎样的妈妈？

生：我认为这是一位溺爱孩子的妈妈，如果她什么事情都帮孩子做了，孩子就失去了自理能力。

师：你的观点是溺爱。其他同学呢？

生：我也认为这是一位溺爱孩子的妈妈，她这样做会害了孩子的。

师：看来大家都有自己明确的观点，那么怎样才能使你的观点变得有理有据？

生：可举一些例子。

师：举例子就离不开材料的支撑，材料来自哪里呢？

生：材料可以是我们生活中看到过的事。

生：材料还可以是我们读过的故事……

师：我们还可以从哪些方面选材呢？老师给大家带来了助学小伙伴。

（PPT课件出示微课——选材小妙招）

师：那么多材料我们都要用吗？

生：不是的，我们要选择跟自己观点有联系的材料。

生：材料还要吸引人，让人听了觉得信服。

师：是的，好的材料离不开以下两个方面：一方面要与自己的观点紧密联系；另一方面要具有一定的说服力，使听的人听得清楚明白。

师：现在你能借助句式，清楚地表达你的观点，阐述你的理由吗？

［PPT课件出示句式：我认为（观点）……因为（材料）……］

（同桌交流）

师：哪位同学愿意谈一谈自己的看法？这位同学发言的时候，请其他同学担任评委，拿出评价表为他完成1、2项的打分。

（PPT课件出示评价表）

生：我认为王小雅的妈妈很溺爱孩子，生活中家人很容易溺爱孩子，就比如说，我们干点家务，爷爷奶奶就会说"放着吧，这个事情我来做，你去干点你自己的事情"。这样一来，我们永远不会长大。

师：这位同学刚才的发言1、2项，你给他几颗星？为什么？

生：我给他4颗星，因为他的观点非常明确，而且选材很恰当。

师：还有谁想来点评？

生：我给他3颗星，我觉得他的选材范围可以更广一点，举例可以举文章中的，也可以举现实中的。

师：孩子们，刚才大家的选材大部分来自生活当中，有没有人能用你平时阅读或者看其他信息获得的材料来支撑这一观点的？

生：我认为王小雅的妈妈是溺爱自己的孩子的。孟子的妈妈曾三次搬家，因为她认为学习环境对孟子的学习很有影响，后来孟子有了大的成就，和他妈妈的做法有很大关系。而王小雅妈妈的做法却不利于培养孩子的独立能力。

师：掌声送给他！大家的选材范围越来越广，同学们，像我们刚才这样，交际时说的要求我们就做到了。

生：观点明确，选材恰当。

师：假如这是你的妈妈，你想对她说什么？

生：假如是我妈妈，我想对她说："妈妈，我已经长大了，我可以自己的事情自己做，您应该多休息一会儿。"

师：还有谁想说？

生：假如是我妈妈，我想对她说："妈妈，我知道您爱我，但是您这样的行为反而会害了我呀，以后我连自理能力都没有了。"

师：看来同学们都长大了，既体会到了父母的辛苦，也有自己的判断力。

**点评**：这是本节课的交际重点，让学生自由谈看法的同时，为其搭建表达支架，然后引导学生选择恰当的材料来支撑自己的观点，让表达更具体，同时利用

《评价表》兼顾学生听、说的能力训练，真正做到"教—学—评"一致。

### 四、师生共同梳理，明确交际要求

师：就像这样，我们在发表自己的观点要注意到两个要点……

生：观点明确，选材恰当。

（教师相机板书：观点明确，选材恰当）

师：再来看这一事例，男生来读一读好不好？（男生读）

（PPT课件出示陈敏事例：陈敏的爸爸晚上经常和他一起下象棋，周末还带他出去看电影或爬山）

师：读得不错，那么你觉得陈敏的爸爸是个怎样的爸爸？用一个词来概括。

生：我觉得是一个敢于放手且开放的爸爸。

师：还有呢？你说。

生：我觉得他是一个智慧的爸爸。

师：这样的爸爸，亲子关系一定很和谐。

生：陈敏的爸爸是一个很体恤孩子的爸爸，因为我们上一天学已经很累，他能带孩子娱乐真的很棒！

师：孩子们，你们喜欢这位爸爸的做法吗？

生：喜欢。

师：认为陈敏爸爸做法正确的举手！（学生举手）看来大家的观点都是一致的，当你在跟别人交流的时候，如果你跟别人的观点一致，你要注意些什么呢？

生：注意语言要恰当。

师：那么在别人说的时候，我们要注意什么？

生：注意聆听。

师：对！聆听是一种尊重的表现，除了聆听，还需要怎么做？

生：积极回应。

师：怎样积极回应？

生：可以进行修正或者补充。

师：同学们，当我们跟别人观点一致的时候，正如你们所说，我们要做到……

生：尊重他人，积极回应。

师：尊重他人，积极回应是一种优秀的品质。

（PPT课件出示观点一致交际要点：尊重他人，积极回应）

（学生齐读，教师板书）

师：这则事例请女生读一读。（女生读）

（PPT课件出示李强事例：李强的学习成绩忽高忽低，考得不好时，爸爸会严厉批评他。批评完之后，爸爸对李强说："我们是因为爱你，所以这么严格要求你。"）

师：李强的爸爸又给你留下了怎样的印象？

生：这是一位过于严厉的父亲。

师：我们常说："一千个人眼中有一千个哈姆雷特。"同一件事情，不同的人看法肯定会不一样，他认为是严厉的，你有不一样的看法吗？

生：我觉得父亲严厉的背后有一种温柔。

师：从哪里感受到了爸爸的温柔？

生：这位爸爸虽然严厉，但也会在严厉之后表达自己的爱。

师：是呀！你透过现象看到了本质。

生：我认为严父出孝子，所以这位爸爸的做法都是为了孩子好。

师：两位同学的意见稍微有一些分歧，对吧？想一想，我们在生活中也会遇到这样的问题，当你跟别人意见有分歧的时候，我不同意你的观点，或者你的观点我并不完全赞同，要注意什么？

生：不要跟他生气。

师：不生气就是态度要怎样？

生：温和，跟他讲明自己的观点。

师：那说话时语气要怎么样，别人才能接受？

生：平和。

师：除了语气要平和，还要怎样才能让别人接受我们的观点呢？

生：有礼貌。

师：礼貌！你找到了关键词。

生：用事实回应他的观点。

师：那语气要怎样，别人才愿意听呢？

生：委婉。

师：如果他语气不委婉，能不能达到交流的效果？

生：不能。

师：所以当与别人观点有分歧的时候，要做到……

生：态度真诚，语气委婉。

（教师相机板书：态度真诚，语气委婉）

师：思维的碰撞是最有价值的交流，当我们与他人观点有分歧时，态度真诚、语气委婉是对他人最大的尊重。（学生齐读）

（PPT课件出示观点一致交际要点：态度真诚，语气委婉）

**点评**：通过赞同、补充、反对的过程，引导学生积极地判断、交流与应对，从而深刻、全面地理解父母之爱。

## 五、回顾表达支架，巩固交际要点

师：结合两则事例，请选择其中一个事例和你的同桌交流一下。（学生交流）

师：哪两位同学上来给我们呈现一下你们刚才交流的过程？

师：（请一组同学上台）别人发言的时候，我们要尊重别人，认真聆听，同时请你再一次拿出你的评分表，注意这一次你们在打分的时候，1、2、3、4项都要给出评价。

生1：我们选择的是李强的事例，我认为李强的爸爸言传身教，既是严厉的，又是温柔的，因为李强的爸爸用自己的行动告诉李强以后要努力，严厉给人带来的是警告和提高，而过于溺爱会使人骄傲。温和是因为李强爸爸严厉之后也表达了自己对孩子的爱，重视父子之间的关系，所以我认为他爸爸很温柔。

生2：我也认为李强的爸爸是严厉的，因为李强的爸爸为了让他明白不能骄傲自大，用自己的行动表达了他是爱自己儿子的。就像我考得好的时候，爸爸妈妈会告诉我不要骄傲自大；考得差的时候，爸爸妈妈会告诉我不要气馁。

师：她选择了生活中的事例来证明自己的观点。你有补充吗？

生1：曾经我听过我的一个朋友说他的成绩经常忽高忽低，考得不好的时候，他的爸爸就会批评他，还说："如果你不是我的儿子，我也不会对你这样说。"然后告诉他，如果你好好努力的话，你就不会再考这个成绩。当时我想，如果是我爸爸的话，我想对他说："爸爸，成绩不能代表一切，请你不要用成绩来看人。"

师：现在我们情境还原，他就是你爸，你把你的心里话告诉他，看他怎么回答？

生1：爸爸，请你不要用成绩来看我，因为成绩不能代表一切。

生2：我这样也是为你好。

生1：可是，如果长期如此，我的信心就会受到打击。

生2：我也只是想让你不要骄傲自大。俗话说，养不教，父之过……

师：谁来点评？你每一项给他几颗星？为什么？

生：他的观点非常明确，但是选材不太恰当。

师：如果是你，会怎样选材？

生：生活实际中的例子就可以衬托出李强的事件，还有刚刚他眼睛在到处瞟，没有认真听对方讲话。所以尊重他人这一点扣了一颗星。

师：是的，思维的交换总是会让我们收获更多。同学们，刚才我们说的过程做到了明确观点，选材恰当。那听的过程中要做到……

生：尊重别人，积极回应。

师：其实在生活中，我们的爸爸妈妈也总是这样默默无闻地向我们传递着爱，也许是一顿早起的爱心早餐，也许是爸爸批评你之后的一次简单的谈心，也许是爸爸拖着疲惫的身体仍然在深夜里帮你检查作业的背影，这些小小的瞬间、小小的细节虽然不是惊天动地的大事，却让你为之感动，那个时候你想对他说什么？谁愿意来分享？

生：有一天，我做完作业，妈妈先给我煮了一碗面，再帮我检查作业，检查完了之后，我想收书包，妈妈说："你先去休息，你一天学习下来太累了，小学生一天要睡足10个小时，你现在连10个小时的睡眠时间都没有了。"

师：这个时候，你想对妈妈说什么？

生：我想对妈妈说："妈妈，其实我可以自己收拾书包，您的睡眠也很重要。"

师：你真是个孝顺的孩子。

师：其他同学还有吗？

生：有一次，我感冒了，妈妈带我去医院输液，她一直饿着肚子直到深夜才吃饭。

师：这个时候，你想对妈妈说什么？

生：谢谢你，妈妈，以后我会自己去做一些力所能及的事情。

师：宝贝，今天回去就将你的这一席话告诉你的妈妈，相信妈妈就像看到了冬日的暖阳。

师：孩子们，其实大家都有想法，有的站起来说，有的没有站起来说，但老师相信，在你们心中一定藏着那个瞬间，藏着那个场景。

**点评**：创设情境，激发学生的表达欲望，进而渗透表达方法，接着小组讨论自主练习表达技巧，再次渗透评价意识。这样既为学生搭建了表达的支架和台阶，又辅助学生拾级而上，成为课堂真正的主人。

## 六、总结人文主题，引发落实行动

师：试着想一想我们的父母又有哪些话想对我们说呢？

（播放音频）

师：听完了，虽然不是你爸爸，但是你心里有想法吗？其实当我们聆听父母心声的时候，都或多或少会有所触动，正如《目送》中写到的一样……

生：我慢慢地、慢慢地了解到，所谓父女母子一场，只不过意味着，你和他的缘分就是今生今世不断地在目送他的背影渐行渐远。你站立在小路的这一端，看着他逐渐消失在小路转弯的地方，而且他用背影默默告诉你：不必追。

师：孩子们。相信这节课，你会有很多的收获，也会有很多的话想跟你的同伴说，想跟你的父母聊。最后，请你记住在交流的时候说要做到（生：观点明确，选材恰当），听要做到（生：尊重他人，积极回应），有了高效的交流，相信你会更加了解父母对你的爱！

**点评**：渗透交际对象意识，联系学生生活体验，用一位父亲感人肺腑的录音带领学生走进父母内心，激发学生内心的真情实感及勇于沟通表达的欲望。

### 伙伴的话

在这节课中，陈老师精准解读课时目标，使阅读课文、口语交际、习作保持连贯，体现了编者的意图，由读到说，再到写。口语交际最终的目的是提升学生在生活中的交际能力，为生活服务。陈老师把为学生搭建表达支架，创设交际情境及激发学生感恩父母之情作为本节课最终要落实的现实意义是很有必要的。

### 罗老师的话

由于口语交际是听与说的双向互动过程，因此关注情境创设，做到"演练扎实"显得尤其重要。要真正提升学生的交际能力，就要设计富有层次的学习活动，让学生在系列活动中习得交际技能，拓展思维空间。除此之外，口语交际作为连接课文与习作的重要部分，教学中还要重视要素关联，做到"纵横贯通"，树立单元整体意识，做到"既要见树木，又要见森林"。

# 《我想对您说》课堂实录及点评

昆明学院附属经开学校　何丽芬

**个人简介**

何丽芬，二级教师，昆明市教坛新秀，官渡区教坛新秀，昆明市第五届罗蓉名师工作室成员，昆明学院附属经开学校语文教师。任教以来，多次获得校级青年教师课堂竞赛一等奖，所撰写的论文和教学设计多次获得一等奖，曾获得全国说课大赛一等奖。

## 一、课前谈话，导入课题

师：同学们，之前大家已经上了四节语文课，你有什么感受？你有什么想说的吗？

生：我感觉虽然很累，但是学到了非常多的知识。

生：我学到了很多知识，感受到了母爱的伟大。

师：孩子们，你们用最委婉的方式讲出了你们的心声。

**点评**：课前谈话，消除与学生的距离感和陌生感，同时，打开学生的话匣子，为后续的习作教学做铺垫。

## 二、明确要求，聚焦场景

师：在我们的生活中，大家都有自己的心声，也许想对父母倾诉，对他们说："我爱你。"也许想对好朋友倾诉自己的烦恼，甚至想对一些对社会有贡献的人表达自己的敬佩之情。今天，我们将一起走进习作《我想对您说》。

师：在生活中，你又想对谁倾诉呢？打开语文书，翻到88页，自己读一读习作要求，想一想，你想对谁说？

（学生自读习作要求）

师：你想对谁倾诉呢？

生：我想对爸爸倾诉，劝他戒烟。

师：你想给爸爸一个建议。（板书：建议）

生：我想对爷爷说，让他少喝点酒。

生：我想对社会有贡献的人表示感谢。（板书：感谢）

生：我想对每天站在学校门口的老师们说感谢他们。

生：我想对老师表达感谢。

师：是呀，除了有感谢，还会有敬佩之情。（板书：敬佩）那在家里，你们会与父母发生争吵吗？因为什么事情而发生争吵呢？

生：不想练琴。

师：这就是你们对练琴产生的不同看法。在生活中，你们会因为一些事情产生不同的观点。（板书：观点）

师：仔细回忆一下，在刚刚大家说的这些中，你最想对谁说？最想对他说什么？选择一个倾诉的对象，选取几个事例，用简洁的语言说一说，并填写在作业单上。

生：我想对我的好朋友说，少吃上火的东西，打篮球的时候注意安全。

师：你列举了两件事情，哪一件是你最想和他说的呢？为什么呢？

生：最想说的是打篮球注意安全。因为如果不注意安全就会受伤，受伤之后就不能来上学了。

师：我从中感受到了你对他的关心。

生：我想对妈妈说，不要再熬夜了，不要再吃辣条了。我最想说的是不要再熬夜了，因为我怕她的身体受不了。

师：你是一个会关心妈妈的孩子。那你为什么要劝她不要熬夜呢？发生了什么事让你觉得熬夜是不好的？

生：有一次，妈妈因为熬夜而晕倒在地上了。

师：所以熬夜是很不好的，那你能回忆起当时的场景吗？

生：我没有在现场，是妈妈告诉我的。

师：那你能想象一下当时的情景吗？

生：是在马路边，当时路边有很多车，很多路人。

师：虽然你没有在现场，但是仍然能够想象到当时的场景。正因为这件事情，才让你对妈妈提出"不要熬夜"的建议。我们在写的时候可以聚焦让你印象最深刻的场景。（板书：聚焦场景）

师：很多同学都列举了几件事情，请选择你最想对别人说的一件事，回忆当时的场景并写下来。

**点评：**写作时，方向很重要，首先得明确写什么，其次得掌握怎么写。因此教学时先让学生读习作要求，明确本单元的习作要求是什么，知道我们要写什么，可以是对家人、老师的感谢，可以是给家人的一些建议，也可以是对某件事表达自己的观点，还可以是表达对社会有贡献的人的敬佩之情。紧接着，写作的时候不能只是毫无重点地罗列事例，而应该选择自己印象最深刻的场景来写清楚，写具体，让阅读的人读出自己的心声，因此聚焦印象深刻的场景是写作重点。

## 三、回顾方法，初次习作

回顾课文（PPT出示《慈母情深》片段）。

空间非常低矮，低矮得使人压抑。不足二百平方米的厂房，四壁潮湿颓败。七八十台破缝纫机一行行排列着，七八十个都不算年轻的女人忙碌在自己的缝纫机旁。因为光线阴暗，每个女人的头上方都吊着一只灯泡。正是酷暑炎夏，窗不能开，七八十个女人的身体和七八十只灯泡所散发的热量，使我感到犹如身在蒸笼。

师：写之前，先来回顾一下。自己读一读，这个自然段描写的是什么场景？

生：描写的是母亲工作的场景。

师：是的，那这个场景给了你怎样的感受？

生：让我感觉环境很恶劣，在那么艰苦的环境中还能这么努力地工作。

师：梁晓声对母亲工作的场景描写得非常具体，字里行间就让我们感受到了母亲工作的艰辛以及母亲对他的爱。现在请大家聚焦一个让你印象最深刻的场景，写下来。

（学生初次进行习作，教师巡视）

（第一个学生分享习作片段）

师：请同学们来分享自己所写的片段。

（学生分享自己的习作）

师：在那个场景下，你的心情是怎么样的呢？

生：有点儿不开心。

师：仅仅是不开心吗？说一些你最想说的话。

生：愤怒。

师：为什么愤怒？

生：因为他又偷偷出来打麻将了。

师：那你心里想要爸爸怎么样呢？

生：我想让他不要打麻将了，可是他又来打麻将了。

师：那你能把自己的感受写进去吗？

（第二个学生分享习作片段）

生：我的爸爸很爱我，会给我买零食、买玩具、买衣服，会很关心我，但有一些不合理的要求，爸爸总是不同意。爸爸总是围绕在我身边，他忘记了自己的身体。他每天早上六点钟起床，晚上八九点回家，每天起早贪黑地工作。有时候还会有应酬，会很晚回家。他每天都会喝酒，睡觉的时间也很少。

师：听你读完，觉得爸爸真的是太辛苦了。你能不能通过一件具体的事情告诉我们？除了爸爸妈妈每天的常态以外，有没有哪一件事深深地打动了你呢？我们要聚焦的是印象最深刻的场景。

师：除此之外，有没有把自己的感受或者观点写出来？

生：没有。

师：还有谁能来评价一下？

生：她是模仿课文的表达方式来写的。

师：我们就是应该像他这样，仔细听，学习别人的优点。

## 四、链接课文，修改习作

师：今天，我们把自己的心声写出来了，那如何让听的人感受到你最想说的话呢？我们来回顾一下课文。

（PPT出示《慈母情深》片段）

在《慈母情深》这段对话当中，能不能感受到他们的心情？所以我们要通过对话的字里行间传递出我们的心情。

（PPT出示《慈母情深》画横线的片段）

师：这些句子写的是什么？

生：母亲的动作。

师：是呀，通过母亲的动作，你能否感受到作者想要传递的感情呢？

生：想要表达母亲工作非常忙碌。

生：母亲的工作条件非常艰苦。

生：母亲非常疲惫。

生：母亲又生气又担心，担心"我"是不是出事了，生气"我"为什么不乖乖在家做作业，而要来找她。

师：通过字里行间，你们感受到了作者想要传递的感情。所以我们还可以把动作写清楚。

（PPT出示《"精彩极了"和"糟糕透了"》片段）

师：画横线的句子写的是什么？

生：写的是"我"对文章的期待和自豪。

师：那在等待的过程中，"我"的心情是什么样的呢？

生：我觉得是迫不及待的。

师：是呀，这些句子写出了小作者在等待过程中迫不及待的心情。我们如何把那个场景写得更具体？让别人读懂你想说的话，就可以抓住人物的语言、动作、心理以及当时人物的神态，把细节描写清楚，把你想说的话藏在字里行间。

师：接下来，我们就对照着，增加细节，修改你的习作，把当时的场景还原出来。

（学生进行修改，教师巡视）

师：请同学来分享。

（学生分享自己修改的片段）

师：你写出了当时的场景，也写出了你的感受。

师：下去以后，对照这些再次进行修改。这是一封信，可以找一张漂亮的信纸誊写上去，特别要注意书信的格式（出示书信的格式）。写好之后，把这封信寄给爸爸妈妈。

**点评：** 怎样把当时的场景写得生动、具体，让读的人也能感同身受呢？这时候，方法的指导就是写具体的关键，联系本单元的语文要素，链接本单元的课文，引导学生自然迁移已有认知，深刻体会语言、动作、心理、神态等细节在表达情感方面的作用，并尝试在自己的习作中写好细节。

好文章不是写出来的，而是改出来的。修改是写作中一个非常重要的过程，修改的时候一定要有读者意识。只有经过反复多次的修改，才能让情感从字里行间流露出来。

## 五、总结评价

今天，我们一起聊了一个很温暖的话题，写下一个充满温情的片段，让我们感受到了你对父母的爱，然后把信寄出去，让他们也感受到你的爱。

💬 **伙伴的话** ⋯⋯⋯⋯⋯⋯⋯⋯⋯⋯⋯⋯⋯⋯⋯⋯⋯⋯⋯⋯

在这节课中，何老师巧妙地搭建了学习的支架来激发学生的兴趣，对整个单元进行了梳理，整合了写作的知识点，在学生现有水平上搭建了脚手架。同时，帮助学生创作真实的写作情境，让学生知道是为谁写，为何要写。利用评价表指导学生明确了习作的要求，突破了教学的重点和难点。在整节课中，何老师有单元整体的意识，带领学生真实地写作。

**罗老师的话**

　　从精读课文到略读课文，从口语交际到习作表达，整个单元的编排是呈现序列化的、螺旋式上升的，那如何在最后的习作中展现整个单元的语文要素的落实、语文能力的习得呢？习作重在习得方法，搭建多个支架指导学生进行写作是本次教学的重点和难点，教师的指导一定是要用在学生写作最难的地方，而不能平均用力。在执教的过程中，教师要找到教学的难点，并围绕难点展开教学，引导学生在不断的分享交流和修改中逐渐习得相应的能力。

# 高年级
# 走近鲁迅单元教学

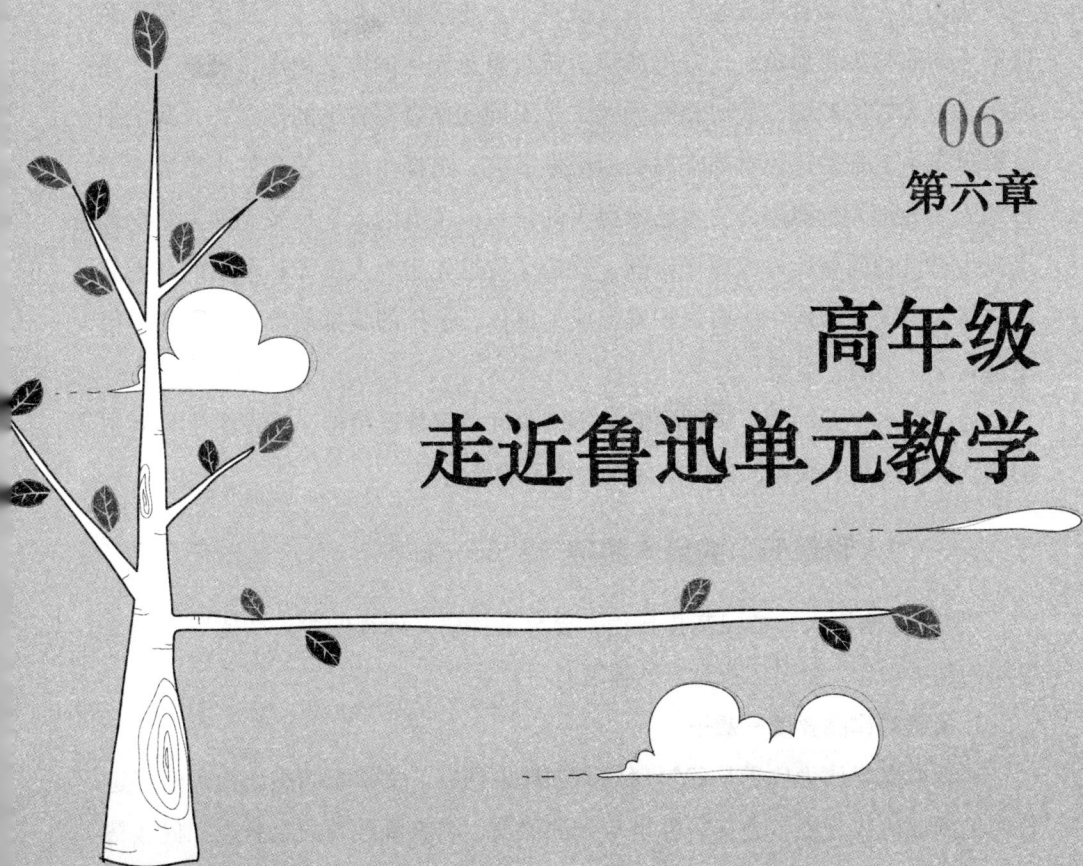

# 第一节　单元导览

鲁迅既是文坛巨匠，又是我国民族文化的一面旗帜。统编教材在小学、初中、高中阶段都选入了鲁迅先生的作品。其中，六年级上册第八单元就以"走近鲁迅"为主题，选编了四篇课文：前两篇精读课文是鲁迅先生自己的作品：《少年闰土》选自鲁迅先生的小说《故乡》，生动地刻画了一个活泼可爱、聪明能干的农村少年形象；《好的故事》选自鲁迅先生的散文诗集《野草》，描绘了一个美好的梦境。后两篇略读课文是不同的作者写鲁迅的作品：《我的伯父鲁迅先生》是鲁迅侄女周晔写的回忆性散文，选择生活中的几件小事展现了鲁迅先生为别人想得多，为自己想得少的特点；《有的人》是臧克家为纪念鲁迅先生逝世13周年所写的现代诗歌，赞扬了鲁迅先生为人民无私奉献的高尚品质。课文与语文园地中的名言积累形成了整体，这样的编排使鲁迅的形象显得更加真实、丰满、生动。

通过对本单元的学习，学生能从不同角度了解鲁迅精神，激发学生日后主动阅读鲁迅作品的兴趣，真正体会鲁迅作品的魅力。

## 一、"人物单元"的育人路径

"坚持立德树人，增强文化自信，充分发挥语文课程的育人功能"是语文学科的基本理念，更是国家意志的体现。

### 1. 鲁迅的作品要读一辈子

钱理群先生认为鲁迅是我国现代原创性思想家、文学家的杰出代表。鲁迅作品的阅读应成为终生之义。鲁迅单元的课文、名言承载着国家意志和民族精神，阅读鲁迅就是体味民族精神、国家意志的具体过程。

**2. 厘清与鲁迅的距离**

试问，我们与鲁迅究竟有多远？

（1）时代的距离。鲁迅的作品距今有百年，其间，中华民族经历了站起来、富起来到强起来的沧桑巨变，站在现在回望那段风雨飘摇的历史，很难感同身受。代沟，让鲁迅变得有些模糊。

（2）思想的距离。鲁迅曾说："如果我把那些最黑暗、最悲凉、最可怕的话说出来，还有一个人愿意听的话，那么这个人就是我真正的朋友。"他的思想就像一把匕首，直抵人性与社会的痛点和盲点，让人不敢直视。深刻，让鲁迅变得有些陌生。

（3）语言的距离。鲁迅是中国白话文学创作的开创者之一，他的作品有很多读起来比较生涩、拗口的语段，白话中夹杂着文言、方言，造成了学生阅读时的阻塞。硬拗，让鲁迅变得有些疏远。

**3. 以书为媒，以文见人**

阅读鲁迅，就是要以书为媒，逾越我们与鲁迅之间的思想鸿沟，重建"美的距离"，让鲁迅成为我们成长道路上可亲可敬又可爱的师长、榜样与伙伴。

（1）以文近人。鲁迅的作品大多是"冷"的，甚至是"重"的。可以让学生选择"暖"的先读起来，《少年闰土》的基调就是"明朗"的，让学生轻松自然地与鲁迅相遇，走近一位童趣满怀、童真无限的鲁迅。

（2）因文见人。鲁迅的作品大多是"深"的，甚至是"难"的。《好的故事》写的是歇息片刻之间的一段恍惚梦境：美丽、幽雅、有趣。用心、用情地朗读，将生涩拗口的词句读到纯熟顺口，便能体味到鲁迅所向往的生活世界，领悟现实与理想的反差，看清画面背后的鲁迅这个人。

## 二、"语文要素"的教学落点

常言道："事不孤起，必有其邻。"任何一篇文章都有特定的语境，一个词或一句话不能孤立地理解，一篇文章或一本书也不能孤立地看。

本单元的阅读要素是"借助相关资料，理解课文主要内容"。鲁迅的作品犹如一座冰山，深刻的思想往往隐藏在水面下，需要借助相关资料才能拨云见日，窥探到他没有写出来的那一层意思。阅读单元中的四篇文章，只有借助资料，才能读得懂、读得透。

### 1. 参照"原文原著"

《有的人》中颂扬鲁迅的三句话——"给人民当牛马""情愿作野草"以及"为了多数人更好地活"可以在鲁迅的诗文中找到出处，读了原文，才能读懂臧克家这样写的构思与用意。

### 2. 参阅"生平史料"

《少年闰土》是小说《故乡》的节选，写的是鲁迅返乡的一段往事，文中多处细节需要参阅鲁迅的家庭背景作出注解。文中"院子里高墙上的四角的天空"可以查阅鲁迅年谱以及他的自传书，还可以参照《从百草园到三味书屋》等原文，了解其童年在私塾就读的情形。《我的伯父鲁迅先生》中的"碰壁"可以参阅鲁迅年谱这些史料，可以对"碰壁"的寓意有更加深刻的理解。

### 3. 参考"名家解读"

《好的故事》是一篇难读的散文诗，我们可以从字面上读到鲁迅恍惚中看到的美丽画面，却读不到画面背后的深层含义。我们不妨参考名家的解读，如冯雪峰先生在《论〈野草〉》中揭示了这篇文章的主要精神，即"作者希望着这样美丽的生活"。而根据李何林的《鲁迅〈野草〉注解》，两者相互借鉴，可以逐层深入地理解"美丽的画"和"昏沉的夜"这两个意象的独特含义，领会鲁迅真实的构思用意。

我们在引用资料帮助阅读的过程中，需要进行筛选与甄别，这样才能真正提升学生的阅读理解能力。

## 三、"学习活动"的设计要领

教学设计的意义在于将单元的人文主题与语文要素进行实践统整。

### 1. 顺应文体，凸显亮点

《少年闰土》是小说，紧扣"相识、相谈、相别"三个情节，聚焦"讲新鲜事"，在对话朗读中感受闰土的美好形象，在夹叙夹议中领会"我"的情感表达；《好的故事》是散文诗，紧扣"美丽的画"与"昏沉的夜"这两个意象，在朗读中想象"画之美"，在对比中领悟"心之往"；《我的伯父鲁迅先生》是回忆录，紧扣"伯父"与"先生"的称呼之区别，用文中的事件诠释"为自己想得少，为别人想得多"的深刻含义；《有的人》是诗歌，紧扣对比这一表现手法，在朗读中领会诗人的爱与恨、颂与贬。

### 2. 融通要素，能力进阶

教学要承前启后，可以在前序单元要素的基础上，引导学生进行自学。借助第四单元"关注情节、环境，感受人物形象"的小说阅读法，读出自己心中的闰土形象。借助第七单元"借助语言文字展开想象，体会艺术之美"的感受法，读出《好的故事》中美的画面。借助第六单元"抓住关键句，把握文章的主要观点"的概括法，自学《我的伯父鲁迅先生》，列出小标题。

### 3. 板块呈现，阶梯推进

教学流程是线性的，而活动设计则须是块状的，每一个活动板块聚焦一个核心目标，板块与板块呈现一种拾级而上的教学推进状态。这个单元的教学可以设计四个教学板块：熟读—参读—复读—延读。

通过这一单元的学习，从"一篇课文"带出"一本名著"，再由"一本名著"走近一个作家，为学生推开了"鲁迅启蒙教育之门"。依照这一单元的学习方法，我们还可以带领学生走近更多的文学大师，用人类文明和民族文明最好的精神食粮来滋养我们的孩子，为他们终生的精神成长和学习打底。

# 第二节　课堂教学实录

## 《少年闰土》第一课时教学实录及点评

昆明市第一中学附属小学　吴明霞

**个人简介**

吴明霞，昆明市第五届罗蓉名师工作室成员，任教于昆明市第一中学附属小学。昆明市教学名师，昆明市学科带头人，昆明市优秀园丁，昆明市名班主任。在云南省首届小学语文教师综合素质竞赛、昆明市小学女教师岗位技能竞赛中均获得一等奖的佳绩。所撰写的多篇论文荣获云南省教育教学优秀论文竞赛一等奖。

### 一、借助导览，走近作者

师：今天，我们要一起学习第八单元"走近鲁迅"，让我们通过这组课文的学习去了解鲁迅。首先请读一读作家卡片，你知道了哪些信息？

生：姓名、籍贯、主要作品、名言、地位和贡献。

师：课前，你还了解了哪些信息？

生：交流搜集到的关于鲁迅的资料。

师：有谁知道"鲁迅"这一笔名的由来？

一种解释：鲁迅的母亲姓鲁，迅是他的小名。

另一种解释：意思是"愚鲁而迅行"，这是一种自谦，相当于笨鸟先飞的意思。1918年，鲁迅的第一篇白话文小说《狂人日记》发表，首次使用"鲁迅"这一笔名；1921年，他又用这个笔名发表了小说《故乡》。小说中的很多内容就源于1919年鲁迅回故乡绍兴时的见闻和经历。

**点评**：有关鲁迅的资料浩如烟海，指引搜集资料的方向，才能从大量资料中甄别和筛选有用的信息。

## 二、扫清障碍，通读全文

师：今天我们要学习的这篇课文就节选自鲁迅先生的小说《故乡》。（板书课题 24.少年闰土）

生：齐读课题。

师：课题中的少年和作家有什么关系吗？

"小说大都是虚构的，但小说中的人物却有生活的影子。"鲁迅就以童年小伙伴章运水为原型塑造了"闰土"这一形象。

师：在预习中，你发现课文的语言有什么特点？

生：文中一些字的写法和现在不同：

带—戴　检—捡　希奇—稀奇

（《少年闰土》是白话文的早期作品，文中一些字词的用法和语言表达与现在不同）

师：鲁迅的文字是一个民族、一个时代的文化符号，编入教材时未改动，就是要保留其原汁原味。

师：文中一些字词要联系鲁迅当时的生活背景来理解，有谁知道什么是忙月？是通过什么知道的？

生：自己也种地，只在过年过节以及收租时候来给一定的人家做工的称忙月。读课文中文字。

师：这段补叙点明了"我"和闰土各自的身份（主仆关系）。

师：文中还有一些词语与绍兴当地的风俗有关，如值年、祭祀、五行缺土。

生：找到书中关于"五行"的文字说明。

师：鲁迅是取名的高手。"闰土"这个名字一听便知是乡下少年，但十分特别。

师：文中还有不少绍兴地区的"方言词语"：

日里、家景、愿心、仿佛

生：联系今天的词语理解这些词语的意思。

师：快速浏览一遍课文，根据自己对课文的理解，说一说这篇文章写了哪些内容。

（分别用一个词语概括并板书：回忆—相识—相处—离别）

师：从板书中，你发现这篇文章的写作顺序有什么不同了吗？

生：倒叙。

师：这样的开头读起来让你有什么感受？

**点评：**小说《故乡》创作的时代和地域与现在不同，语言表达上存在着一定差异，对文中相对陌生的内容进行归类梳理，可以帮助学生消除阅读障碍，总结阅读方法。

## 三、人物描写，细细品析

师：文章一开篇就写了这幅记忆中挥之不去的画面，请同学们自由地读一读。

生：深蓝的天空中……

师：你的眼前仿佛出现了怎样的画面、怎样的景象？

生：我仿佛看到柔和的月光洒在海边的沙地上，圆圆的西瓜遍地都是。我仿佛看到了海边乡村的夜晚十分美丽：深蓝的天空，金黄的圆月，碧绿的西瓜地。

师：文章开头不直接写人，而是描写了这样的环境，有什么作用？

生：静谧辽远、恬美宁静的意境为人物的出场做了恰到好处的铺垫。

师：你看到了一个什么样的闰土？从哪里看出他机智勇敢、身手敏捷？

生：我看到一个英勇的闰土，我从书中这里看到的……

我看到一个机智勇敢的闰土，我从书中这里看到的……

我看到一个英武不凡的闰土，我从书中这里看到的……

师：三言两语，准确、传神的动作描写就使一位勇敢机智的农家少年跃然纸上。

师：谁能把少年的这种英武不凡、机智勇敢通过朗读表现出来？

生自由练读，指名读，齐读。

师：这就是少年闰土在"我"记忆中的最美好画面，那么清晰、那么真切。

师：真实的闰土是什么样子的？让我们走进他们相识的片段。

生：读文中描写闰土的句子。

师：你看到了一个什么样的闰土？

生：纯朴天真。

师：作者抓住特征，把一个活泼机灵、健康纯朴的闰土栩栩如生地展现在读者眼前，给人留下深刻的印象。谁来读一读？要读出那股子天真劲儿来！

指名读。

师：从作者对闰土的观察和描写上，你发现了什么特点？

生：作者抓住了人物外貌的主要特点来刻画。

师小结：鲁迅笔下的人物外貌描写是新鲜的，虽然只有寥寥几笔，但能勾画得独特传神、活灵活现。

点评：抓住文中人物描写的两段文字进行对比学习，让闰土的形象逐渐清晰和丰满起来。

## 四、聚焦事件，感受形象

师：不到半日"我"和闰土就熟识起来，他给"我"讲述了哪些有趣的事呢？

四人小组讨论：用四字短语概括这些趣事。

师：哪件事给"我"的印象最深？

生：月夜刺猹。

师：闰土是怎么向"我"讲述月下看瓜刺猹的经历的？

生：一问一答，讲得清清楚楚、明明白白。

师：这是闰土的亲身经历，所以他才能绘声绘色地讲述。读到这里，你又看到了一个什么样的闰土？

生：机智勇敢。

**点评**：让学生自主选择最感兴趣的一件事，以朗读对话的方式，充分体会闰土聪明能干的形象。

## 五、对比阅读，加深体会

师："我"眼中的看瓜刺猹和闰土口中的看瓜刺猹对比，有什么不同？

生：读第1自然段，很有画面感，是"我"听了闰土的讲述想象到的；而文中第二次写看瓜刺猹是闰土亲口讲述的，他的讲述让人感受到的则是惊险与刺激。

师：让我们再来看一看书中的插图，你又看到一个怎样的闰土？

生：一个滔滔不绝、绘声绘色地讲着有意思的经历，一脸满足感的少年。

师："我"听得津津有味，为什么闰土和他的故事深深地吸引了"我"？为什么一个海边农村普普通通的少年对"我"有如此巨大的吸引力？

生：少年闰土无拘无束，没有受到束缚。

**师小结**：通过比较，我们发现，同是月下刺猹，鲁迅用不同风格的语言给了读者不一样的感受。

**点评**：同一件事情，关注点不同，表达也会全然不同。鲁迅就是用不同风格的语言呈现了不同人眼中的瓜地刺猹，给了读者不一样的感受。通过比较，学生会主动去发现、去体会鲁迅作品的魅力。

## 六、补充阅读，激发兴趣

师：三十年后当母亲再提起闰土时，我的脑中不由自主就浮现出了这美丽的画面。

女生读第1自然段。

师：后来很长的时间里，"我"遭遇家道中落、父亲病故、辗转求学、颠沛流离。孤独的时候，"我"总会想起儿时故乡这个亲切的伙伴——闰土，想起他，"我"脑中自然就浮现了这样绝美的景象。

男生读第1自然段。

师：三十年来，闰土机智勇敢、纯朴天真、见多识广的形象就这样烙印在

"我"心中，也烙印在了我们读者的心中！一起来背诵！

全班背诵第1自然段。

师："我"和闰土阔别三十年后的重逢又将是一个怎样的场景呢？从闰土身上我们会洞见一个怎样的鲁迅呢？下节课继续走近闰土，走近鲁迅。

**点评**：这就是文学大师鲁迅心里的瓜地刺猹，这个经典画面印在"我"的记忆中，也将定格在每一位读者的心里。

## 七、板书设计

| 少年闰土 | 写作锦囊 |
|---|---|
| 回忆——机智勇敢 | 以倒叙开头 |
| 相识——纯朴天真 | 借环境烘托 |
| 相处——见多识广 | 抓人物特点 |
| 离别——？ | 选典型事例 |

### 💬 伙伴的话

《少年闰土》选自鲁迅小说《故乡》，学生对小说创作的时代和地域比较陌生，在理解上会有一定困难。因此吴老师在教学中做到了三个关注：

（1）关注文本语言，扫除理解障碍。鲁迅创作《故乡》时，正处于新文化运动时期，运用白话文创作的思潮才刚刚兴起，很多文字与今天的表达有差异，吴老师在教学时，把文中相对陌生的字词进行了归类，通过指导帮助学生扫清了阅读的障碍。

（2）关注独特环境，还原小说场景。《少年闰土》开篇第一段就描述了少年闰土在月下看瓜刺猹的场景，作者用简而精的语言营造出了童话般的诗意美感。吴老师指导学生读、悟、想象，还原了文字中的画面感。

（3）关注典型事例，感受人物形象。抓住文中两次写看瓜刺猹的文字，吴老师引导学生在对比中体会，同样的事件，鲁迅却用不同的语言刻画出了人物形象。

吴老师的整堂语文课把阅读和表达有效地结合起来，既帮助学生深入理解文本内容，又提高了学生们的写作表达能力。

## 罗老师的话

　　只有用好语文教材中的课后练习题，我们才能真正落实语文要素，提高学生的语文综合素养。吴老师在教学设计之初，关注教材中的课后练习，使之成为自己的备课指南。课后练习看似简单，却蕴含了教材编者的良苦用心，揭示了理解课文的思路，体现了教学训练的重点和难点，更渗透了教法和学法。在教学中，吴老师着力挖掘其价值，指导学生在阅读文本的过程中积累语言，体会作者锤炼语言、布局谋篇的匠心。吴老师不仅引导学生学文，更引导学生理解作者是怎样写作的。只有透彻理解教材编写者对于课后练习的设计意图，才能够准确把握教学方向，才能确保教学效果。

# 《好的故事》第二课时课堂实录及点评

昆明师专附小　姚洁

**个人简介**

　　**姚洁**，第五届罗蓉名师工作室成员，昆明师专附小语文教师，校级名师工作室主持人，昆明市骨干教师，昆明市首届名班主任，昆明市优秀辅导员，五华区学科带头人。曾获云南省"一师一优课"省级优课名师、昆明市"一师一优课"市级优课名师、昆明市青年教师教学基本功竞赛一等奖。多篇论文曾获得国家级、省级论文比赛一等奖。

## 一、谈话导入，承接上文

　　师：同学们，我们知道六年级上册第八单元是一个以"鲁迅"为主题的人物单元，主编为我们选择了四篇与之相关的文章，让我们借助资料来理解课文的主要内容。

　　师：上节课，大家跟随老师一起重游鲁迅故乡，探访儿时好友。这节课，让我们继续走近这位伟大的文学家、思想家、革命家。（引读）

　　生：鲁迅。

　　师：让我们一起走近他，听听他心底里的这个——（引读课题）

　　生：好的故事。

　　师：谁来说说你第一次读这篇课文时的感受是什么。

　　生：我觉得鲁迅家乡很美，那里的景色幻化无穷。

　　师：是啊，在这幻化的文字背后却让人觉得不是那么容易理解。

　　师：因为这篇文章写于现代文学初创时期，很多表达方式和现在大都不同，所以同学们读起来会难以理解，这都是大家真实的感受。但是，老师希望通过今天的学习，大家会有不一样的体验。

师：通过第一课时的学习，我们知道这个故事其实就是一个——（引读）

生：梦。

师：这是一个怎样的梦？你可以用书中的哪三个词语来形容？

（学生勾画）

生：我找到了：美丽、幽雅、有趣。

（教师板书）

**点评**：这篇课文是本单元的第二篇精读课文，相比这个单元的其他三篇课文，无论对于教师，还是学生，都显得晦涩难懂。因此，我从引导学生说初读感受入手，降低学生的畏惧心理。

## 二、聚焦梦境，感受美妙

师：来，让我们一起走进这个美丽、幽雅、有趣的梦境。

（出示第5自然段，师生合作配乐读句，回看板书）

师：孩子们，这样的梦境怎么样？

生：美丽、幽雅、有趣。

师：其实，一般人做梦只能做到黑白的梦，不是彩色的。但是这篇《好的故事》却是一个彩色的梦。孩子们注意看，在这些文字当中，出现了那么多描写颜色的词语，我们一起再来读一读。

（学生读描写红色的词）

师：这么多的红色给了你什么样的感受？

（指名回答）

生1：这样的梦是生机勃勃的。

生2：这样的梦是和谐喜庆的。

……

（回顾板书）

师：总之，在鲁迅先生的笔下，这是一个多么美丽、幽雅、有趣的梦啊！

师：孩子们，这样的梦境又给了你什么感受？

生1：十分美丽，但有些不真实。

生2：我觉得美丽的梦境虚虚实实，但环环相扣。

师：让我们继续欣赏这个梦境，梦境有了变化。

师：这是鲁迅《社戏》中关于故乡的描写，请你读一读。

（学生默读，阅读链接1）

师：读到这真实的故乡和刚才梦里的故乡，你有什么发现吗？

生：虚虚实实，感觉就像作者身处梦境之中。

师：刚才那虚虚实实的梦境原来就是我们曾经生活过的故乡。

师：那许多美的人、美的事都深深印在了鲁迅的脑海里。这就叫日有所思，夜有所梦。

**点评**：在这一环节，我努力做到聚焦关键，还原品味，重现梦境。好的故事是一个梦境，鲁迅先生用他丰富的语言，让这梦境鲜活、真实。我努力用诗意的引导、优美的配乐，让学生在诵读中真切感受梦境的美好、优雅、有趣。

### 三、借助资料，揭示象征

师：梦常常与人们的愿望联系在一起。那么，成年后的鲁迅写这样一个梦意味着什么呢？请大家再来读这段资料，谁愿意为我们读一读这段阅读链接？

（出示资料：阅读链接2）

（学生大声读资料）

师：同学们，读这段资料，我们要学会找核心内容。这么长的一段资料，你认为核心内容是哪句话？

（指名回答）

师：同意的举手，阅读资料就得学会锁定核心内容。

（学生齐读关键句）

师：看着这句话，继续寻找核心中的重点。你觉得这句话当中的重点是哪个词语？

（齐读、记录）

（师板书"希望"）

师：原来这个好的故事是什么？

生：希望。

师：原来如此美丽、幽雅、有趣的梦境是什么？

生：希望。

师：鲁迅为什么会写这样一个梦？同学们，你们知道这篇《好的故事》写于什么时候吗？请你介绍你了解到的1925年的鲁迅。

生1：课前我了解到鲁迅原名周树人，是我国伟大的文学家、思想家、革命家。

生2：我了解到鲁迅曾经去日本学医，后来又弃医从文。

生3：鲁迅曾经深受黑暗势力的迫害和打压。

师：假如让你从这一段资料中找一个词语来形容1925年的鲁迅的心情，你会找哪个词语？

（出示资料：阅读链接3）

（学生默读，交流）

生1：苦闷。

生2：怅惘。

生3：孤独。

师：这样的鲁迅，他做的梦也应该是苦闷的梦啊？然而，他梦见的又是怎样的情景呢？

（生读第4、6、8自然段）

师：为什么孤独、怅惘、苦闷的鲁迅梦到的却是一个美丽、优雅、有趣的梦呢？猜猜看。

生1：因为那是他对未来的向往。

生2：鲁迅生活在黑暗社会，他的梦境就是他憧憬的生活。

生3：他向往着农村的田园生活。

生4：这是他的美好愿望。

师：这就是伟大思想家鲁迅给我们指出的路。我们来读这段资料，一起来验证刚才大家的猜想，如有没有猜到的，就一起来做个补充。

（出示资料：阅读链接4）

（师生配合读资料）

师：我想现在你已经知道，课文开头结尾写"昏沉的夜"其实指代的是什么了吧？

生1：我觉得是指代当时黑暗的社会。

生2：是指当时鲁迅生活的那个昏暗的、受打压的社会。

**点评：**本单元的语文要素是借助相关资料理解课文的主要内容。在本课的教学中，我通过拓展阅读，有序推进、逐步落实。

## 四、融入梦境，升华主题

（学生齐读最后一句话）

师：原来这样一个美丽、幽雅、有趣的梦境是有所期待的。刚才我们已经了解了1925年的鲁迅，我们也一起品读了这样一个美好的梦境，联系起来，你觉得这个好的故事以及这个美的梦境象征着什么？寄托着什么？请你以"我总记得见过这一篇好的故事，在昏沉的夜"开头，写一写你的体会和理解。

（学生写话）

（学生交流）

生1：这"昏沉的夜"指代了当时的阴暗社会，而那"好的故事"指作者渴望向往的社会。作者写下这好的故事，是希望社会不再黑暗。但那只是想象，最后还是化成了泡影。作者在最后还是坚信自己看见了这好的故事。这好的故事既有实也有虚，十分冲突。但虚实相生的只是梦境，这"昏沉的夜"又把作者拉到了现实中，表达了作者对当时黑暗社会的控诉和对美好生活的向往。

生2：我总记得见过这一篇好的故事，在"昏沉的夜"，是美丽、幽雅、有趣的。那里的人和事都很美，没有一丝烦恼，无比快乐。

生3："昏沉的夜"指代了鲁迅生活的那个黑暗的社会，"好的故事"指代了鲁迅对光明、对美好生活的向往。

生4：但我闭上了眼，我看到了这样的画面：这是丰收、喜悦的景象，走在里面就像看到了一片七彩的晚霞。突然有一阵脚步声把我从梦中吵醒了。

生5：我总记得见过这一篇好的故事，在"昏沉的夜"。在那昏暗无光恐怖的社会，只有我心中所憧憬和向往的美好未来在推我前进，是我黑暗中的一束光。日有所思，夜有所梦，最近常梦到那美好景象，大概是寄托了我对那美好未来的无限向往。

生6：无论那夜是多么黑暗，多么昏沉，总会有美好，总会有光明。就像那漆黑的夜空中总有金黄的明月把它照亮，总有闪烁的繁星把它装点，总有浮动的云锦为它添彩。美的梦境总是生于昏沉之夜。没有夜的黑暗，又怎能显现出繁星的璀璨？

师：同学们，所有的话语其实正是鲁迅先生用这个好的故事暗示着我们，在鼓舞着我们。无论如何苦闷，无论如何怅惘，无论如何孤独。

（补充板书）

师：1925年的鲁迅是苦闷的，然而你们借由这个故事，不仅读懂了他的梦境，也读懂了1925年的鲁迅先生。

师：同学们，这就是我们今天学习的鲁迅先生的散文诗——《好的故事》。这个好的故事多么美丽、幽雅、有趣。我们终于知道原来这个好的故事就是希望。其实，好的故事不仅属于鲁迅，也属于我们每个人。属于自己的好的故事，那就是自己心中所想。无论现实多么苦闷，无论生活多么怅惘，无论自己多么孤独，在未来的人生当中，同学们，让我们永远记住自己好的故事。下课。

**点评**：在理解了梦境后，师生共同补充了1925年前后鲁迅的资料。这些资料有机、有序地安排到不同的环节中，通过朗读、总结等方法，使学生的情感与1925年鲁迅的内心情感达到跨时空的共鸣，让学生走进那个黑暗的年代，走近了鲁迅，从而在课堂上大胆自信地读出自己的理解，写出自己的理解，说出自己的理解。

### 💬 伙伴的话

在课堂上，姚老师紧扣统编教材的特点，紧扣课后思考题，将课文要素和课堂实践紧密结合展开教学。"没有夜的黑暗，又怎能显出繁星的璀璨。"这样诗意的课堂语言，在这节课上随处可见。姚老师认真倾听学生的发言，通过评价语进一步升华这篇文章的主旨，让好的故事转化为学生精神的营养、希望的种子。让我们感受到语文要素和情感迸发可以共生共长，让学生体验到读鲁迅的文章原来也没有那么难。

## 罗老师的话

　　《好的故事》这篇散文诗晦涩难懂，在学习过程中，学生可能存在三方面障碍：一语言差异，二背景陌生，三主旨隐晦。如何突破这三方面的难点成为这节课教学的核心。

　　在第二课时的教学中，教师注重对学生朗读的引导，让学生们在读中思考，在读中理解。对梦境的不同片段，教师采用了不同的教学策略：在读第5自然段梦中回忆时，引导学生想象画面；而在读第7自然段梦中所见时，则抓住描写颜色的词，品读颜色背后的情绪和意蕴。在这篇课文的教学中，教师还十分重视支架的搭建，多次使用阅读链接，帮助学生理解课文的主要内容和表达主旨，对于教学难点的突破起到了很好的助力。

　　在教学中，若是能加强本单元四篇文章之间的连接性，充分展示小学阶段唯一一个人物主题单元的特点，从不同的角度，让学生去塑造一个立体的鲁迅形象，查找资料说一说：鲁迅是个怎样的人？这是一个怎样的故事？这是一篇怎样的文章？那么，将会更有助于对学生思辨能力的培养。

# 《我的伯父鲁迅先生》课堂实录及点评

昆明市寻甸县仁德二小　王洪辉

**个人简介**

　　王洪辉，一级教师，昆明市教学名师，昆明市学科带头人，昆明市第五届罗蓉名师工作室成员，寻甸县首届小学语文名师工作室主持人，寻甸县仁德二小副校长。任教以来，多篇论文、教学设计在省市竞赛中获奖，曾被评为"昆明市优秀教育工作者""云南省国培优秀学员""云南省第四届名师工作室优秀学员"。坚持在学习中丰盈自己，在课堂中成长自己，在研究中成熟自己，追寻幸福完整的教育生活。

## 一、回顾鲁迅作品，导入教学

　　师：同学们，我们在前面学习了鲁迅先生写的文章《少年闰土》，它选自鲁迅先生的小说集《故乡》，从中你认识到一个怎样的闰土？（PPT显示课文图片）

　　生1：我认识到一个项戴银圈、手持钢叉的闰土。

　　生2：我认识到一个热情开朗的闰土。

　　生3：我认识到一个勇敢的闰土。

　　师：是的，我们从鲁迅先生的笔下看到了一个生气勃勃、热情开朗的少年闰土的形象。

　　师：《好的故事》选自鲁迅先生的散文诗集《野草》，从课文中，你读到了什么呢？

　　生1：我读到了那是作者的一个梦境。

生2：我读到了是一个美丽、幽静、有趣的梦境。

生3：我读到了寄托了作者对美好事物的向往与追求。

师：这两篇课文是鲁迅先生自己写的文章，是从鲁迅的眼中看梦境看别人，今天我们这节课学习的课文《我的伯父鲁迅先生》却是从别人的眼中看鲁迅。请同学们齐读课题。

（生看板书，齐读课题）

**点评**：关联本单元前面两篇课文，从鲁迅的作品中初步感知鲁迅其人，形成整体认知，有助于学生更好地从本文中感受人物形象。

## 二、默读课文，梳理课文脉络

师：这篇文章是鲁迅先生的侄女周晔在1945年，其伯父鲁迅逝世九周年时写的一篇怀念他的文章。在周晔心中，伯父鲁迅是一个怎样的人呢？作者又用了哪几件事例来说明伯父鲁迅就是这样的人呢？请用较快的速度默读课文，想想课文写了关于鲁迅先生的哪几件事。

师：同学们，在五年级上册第二单元我们就学过提高阅读速度的方法：①集中注意力，不回读；②尽量连词成句地读，不要一个字一个字地读；③带着问题，一边读，一边圈画有用的信息。（PPT出示温馨提示）

（学生默读课文，勾画信息）

师：课文写了关于鲁迅先生的几件事？

生1：课文写了关于鲁迅先生的四件事。

生2：我认为课文写了六件事。

师：同学们的意见有分歧了，那咱们一起来看一看。

师：这篇文章的编排很有特色，一件事写完后，中间空了一行，接下来写另一件事了，这样的行文叫作空行分段。

师：请大家根据空行分段的编排特点，快速说出课文写了几件事。

生：六件事。

（全体学生一齐说）

**点评**："用较快的速度默读课文"是本课的导读要求，关联的是五年级上册第二单元的阅读策略"提高阅读速度"，以及六年级上册第三单元的阅读策略"根据阅读目的，选用恰当的阅读方法"，此环节的设计意在复习策略，使用策略。在梳理课文脉络时，引导学生关注课文空行分段的特点，快速准确地梳理文章结构。

### 三、自主阅读，拟定小标题

师：空行分段这种写作方法在长文章中经常运用，阅读时，可以尝试着用一句话来概括一大段的内容。

师：我们就以第一件事为例，快速默读第一件事，用一句话来概括这部分写了什么事。

（学生快速默读课文第一件事）

生：第一件事主要写了"我"的伯父鲁迅先生去世后，葬礼上的情形和"我"在他的葬礼上看到的情形。

师：你关注到了主要事件和事件发生的时间。

生：写了伯父去世后，人们在万国殡仪馆的礼堂里追悼伯父。

师：你关注到了事件发生的地点。是的，第一件事写的就是伯父去世后，在万国殡仪馆的礼堂里，很多人来追悼他。

师：我们还可以用更简洁的语言概括出这段话的主要内容，先提取这一段话里的关键动词，再提炼出关键人物。

生1：追悼他。

生2：追悼伯父。

师：这样简洁的语言就可以作为第一件事的小标题。

（师板贴小标题"追悼伯父"）

师：请大家快速浏览课文的其他五件事，根据空行，分别给每件事拟定一个小标题。

（学生交流，板贴小标题"笑谈读书""笑谈'碰壁'""燃放花筒""救助车夫""关心女佣"）

点评："给课文拟定小标题"是这篇课文的阅读提示，也是要训练学生综合概括的能力，教师在这个环节中引导学生先用一句话来概括，再用抓住描写关键人物的关键动词、提炼关键事件的方法拟定课文小标题。

## 四、围绕事件梳理，体会选材特点

师：同学们，这六件事都是写伯父鲁迅的，但是选材的角度各有不同，可以让我们对鲁迅的认识更加全面。

师：请找出第一件事（悼念伯父）发生的地点，并圈画出来。

生：万国殡仪馆的礼堂里。

师：周晔回忆的起点是在万国殡仪馆的礼堂里。伴随着周晔的心灵记忆，她分明记得……

（PPT课件出示"我呆呆地望着来来往往吊唁的人，想到我永远见不到伯父的面了，听不到他的声音了，也得不到他的爱抚了，泪珠就一滴一滴地掉下来。"学生齐读句子）

师：站在万国殡仪馆的时间节点上，周晔的思绪向前滑动，她想到了伯父和自己谈读《水浒传》、谈"碰壁"、燃放花筒、救助车夫的画面，向后，她想到了伯父去世后阿三说的话。看看这五件事有什么共同的特征？

生：都是关于伯父的。

师：是的，都是关于伯父的。请关注事件发生的地点。

生1：五件事都是在伯父家里发生的。

生2：第四件事"救助车夫"发生在离伯父家不远的地方。

师：是的，这五件事的发生都和伯父的家有关，要么是在伯父家里，要么是在去伯父家的路上。看来，家给小周晔留下了温暖而美好的画面，让我们走进伯父家去看看。

## 五、抓住重点语句，结合资料，体会人物形象

师：现在请以小组为单位选择一件你们特别关注的事件读一读，然后和同学交流：你从作者笔下读出了一个怎样的伯父？是从哪些语句看出来的？

（学生分组阅读，小组内交流）

师：哪个小组来和我们分享一下，从第二件事中，你看到一个怎样的伯父？是从哪里看出来的？

生：我看到了一个幽默、善于教导别人的伯父。我是从伯父的动作和语言中看出来的。

师：请你读一读。

（生读句子：伯父摸着胡子，笑了笑，说："哈哈！还是我的记性好。"）

师：当伯父看到"我"只记得紧张动人的情节时，他的动作是——

生：摸着胡子。

师：他的表情是——

生：笑了笑。

师：他怎么说？

生："哈哈！还是我的记性好。"

师：当伯父看到"我"把这个人做的事情安在那个人身上时，他摸着胡子，笑了笑，说——

（学生面带微笑，齐读"哈哈！还是我的记性好。"）

师：当伯父看到"我"读书只囫囵吞枣、张冠李戴时，他摸着胡子，笑了笑，说——

（学生做着摸胡子的动作，面带微笑齐读"哈哈！还是我的记性好。"）

师：这时你看到的伯父是什么样子的？

生：幽默风趣的。

师：请你把这个词写到黑板上。

师：这看似不经意的一笑，这稍纵即逝的一笑，深深地刻在了周晔童年的记忆深处。伯父不仅对"我"读书很关心，对青年人读书也很关心。

（PPT课件出示资料）

资料一：

他带着奖励似的微笑，指着《铁流》对我说："这书本来可以不要钱的，但是这是曹先生的书，现在只收你一块钱本钱；我那一本，是送你的。"

我费力地从里衫的袋里掏出那块带着体温的银元，放到他的手里——他的手多瘦啊！我鼻子里陡然一阵酸，像要哭出来。我恭敬地鞠了一躬，把书塞进帆布袋，背起便走出书店的门。

——阿累《一面》

**资料二：**

昨天收到十日来信，知道那些书已经收到，我也放了心。你说专爱看我的书，那也许是我常论时事的缘故。不过只看一个人的著作，结果是不大好的，你就得不到多方面的优点。必须如蜜蜂一样，采过许多花，这才能酿出蜜来，倘若叮在一处，所得就非常有限，枯燥了。

——《给颜黎明的信》

**资料三：**

鲁迅对于萧红，是伯乐，是恩师，是慈父，亦是知己。鲁迅非常欣赏萧红的才华，对她评价甚高。

——《鲁迅与萧红》

师：请同学们浏览这些资料中的文字，从中你看到一个怎样的鲁迅先生？

（学生浏览资料）

生1：我看到一个乐于助人的鲁迅，他把自己的书送给一个普通的工人，并且不要他的钱。

生2：我觉得鲁迅先生很平易近人，他是个很有名的人，事情肯定特别多，但是有人给他写信，还是个素不相识的人，他还给人写回信，还在信中教他怎么读书，所以我觉得他很平易近人。

师：请把你俩的认识写到黑板上。

（学生板书：乐于助人、平易近人）

师：是呀！鲁迅先生就是这样一个乐于助人的人，就是这样一个平易近人的人，所以著名作家巴金这样说——

（PPT课件出示"他从不曾高高地坐在中国青年的头上。一个不识者的简单信函就可以引起他胸怀的吐露；一个在困苦中的青年的呼吁也会得到他的同情帮忙。"）

（学生齐读）

师：这个画面发生的地点依然在伯父家，这与其说是一幅画面，不如说是一段封存已久的视频，这里面有小周晔和伯父之间有趣的对话。女生读周晔说的话，男生读伯父说的话，老师读旁白。

（师生分角色朗读对话）

师：你看到伯父有怎样的动作和表情？

生1："伯父转过头来，微笑着问我。"

生2："他嚼着东西，嘴唇上的胡子跟着一动一动的。"

生3："伯父摸了摸自己的鼻子，笑着说。"

师：这时你看到一个怎样的伯父？

生1：我看到一个慈祥的伯父。

生2：我觉得伯父还有点儿可爱可亲。

师：请你把这个词语写到黑板上。

（学生板书：慈祥可亲）

师：读完这段对话，你有什么疑问吗？

生1：为什么会碰壁呢？

生2：是不是伯父走路不小心碰到的？

师：伯父真的是碰了几次壁而把鼻子碰扁了吗？你们觉得碰壁会把鼻子碰扁吗？

生1：不会。

生2：老师，那伯父这里说的"碰壁"是什么意思呢？

师：你这个问题问得好！请大家阅读屏幕上的资料，读完后，看看你明白了什么？

（PPT课件出示资料）

**资料一：**

鲁迅生活的时期正是国民党反动统治的时期，当时的社会非常黑暗，劳动人民过着非常悲惨的生活。鲁迅先生用笔写文章揭露统治者的罪恶，号召人民起来抗争，敌人非常害怕鲁迅的文章，不许报纸发表他的文章，还要逮捕他。为了顺利发表文章，鲁迅竟然使用了120多个笔名。

**资料二：**

《鲁迅年谱》：1930年3月2日，参加"左翼作家联盟"成立会，此时浙江省党部呈请通缉"反动文人鲁迅"；"自由大同盟"被严压，先生离寓避难。

1931年1月21日，柔石被捕，先生离寓避难。

1933年6月20日，杨铨被刺，往万国殡仪馆送殓，时有先生亦将不免之说，或阻其行，先生不顾，出不带门匙，以示决绝。

1934年8月23日，因熟识者被捕，离寓避难……

（学生默读资料）

生1：从资料中我明白了原来"四周黑洞洞"是指鲁迅生活的环境很黑暗。

生2：我明白了"碰壁"原来是敌人的打击报复。

师：孩子们，你们真厉害！鲁迅先生也很厉害，面对社会的黑暗和敌人的压迫逮捕，他的表情——

生：笑着的。

师：面对敌人的暗杀，鲁迅还是——

生：笑着的。

师：从资料中，你又读出一个怎样的伯父？

生1：勇敢的伯父。

生2：积极乐观的伯父。

生3：不屈不挠的伯父。

师：请你们把这些认识写到黑板上。

（学生板书：不屈不挠、勇敢无畏、积极乐观）

师：随着伯父的笑声，走进周晔的记忆，我们来到了这一年的除夕，还是在伯父的家里。请读这一段的小组和同学们分享一下，从中你们看到了一个怎样的伯父？

生1：慈祥愉快的伯父。

生2：和蔼可亲伯父。

（学生板书：慈祥愉快、和蔼可亲）

师：周晔回忆的闸门再次打开了，来到了伯父家门口不远的地方，那还是一个黄昏，天色十分阴暗。孩子们，请聚焦这段文字，作者用了很多表示动作的词语，最打动你心灵的是哪个动作？

生1：半跪着。

生2：蹲着。

师：黄昏的街道上，北风怒吼着，一位黄包车车夫坐在地上呻吟着，只见爸爸和伯父——

211

生：一个蹲着，一个半跪着。

师：天已经全黑了，路灯发出微弱的光，只见爸爸和伯父——

生：一个蹲着，一个半跪着。

师："我"摸摸自己的鼻尖，冷得像冰，脚和手都已经冻得麻木了，只见爸爸和伯父——

生：一个蹲着，一个半跪着。

师：你看到这时的伯父是怎样的表情？他还在笑吗？

生：他的表情变得——那么严肃。

师：伯父为谁而严肃？

生：黄包车车夫。

师：伯父为谁而沉默？

生：黄包车车夫。

师：伯父为谁而叹气？

生：黄包车车夫。

师：伯父认识这位光着脚拉车的车夫吗？

生：不认识。

师：伯父认识这位玻璃片插进脚底的车夫吗？

生：不认识。

师：伯父认识这位饱经风霜，坐在地上呻吟的车夫吗？

生：（摇头）不认识。

师：同学们，此时，你看到了一个怎样的伯父？

生1：我看到一个关心车夫的伯父。

生2：有怜悯之心的伯父。

（学生板书：关心车夫）

师：是的，欢笑的伯父变成了严肃的伯父、沉默的伯父、叹气的伯父。除了关心素不相识的黄包车车夫，伯父家的女佣阿三在伯父去世后回忆起伯父对她的关心，哪些同学读的是这个部分，请说说此处你读出了一个怎样的伯父。

（学生板书：关心女佣）

师：这样的伯父，用课文中的一句话来说——

生："的确，伯父就是这样的一个人，他为自己想得少，为别人想得多。"

（PPT课件出示"的确，伯父就是这样的一个人，他为自己想得少，为别人想得多。"）

（全班齐读）

师：就是这样一位关心他人的伯父、慈祥的伯父、和蔼可亲的伯父、幽默风趣的伯父、严肃的伯父、沉默的伯父、叹气的伯父永远离开了"我"。

（PPT课件出示引读课文第1自然段，学生齐读课文）

师：这是回忆的起点，万国殡仪馆的礼堂里周晔的眼泪。我们不能忘记周晔看到的情形——

（PPT课件出示句子："伯父去世了，他的遗体躺在万国殡仪馆的礼堂里，许多人都来追悼他，向他致敬，有的甚至失声痛哭。数不清的挽联挂满了墙壁，大大小小的花圈堆满了整间屋子。送挽联送花圈的有工人，有学生，各色各样的人都有。"）

（学生齐读课文）

师：在万国殡仪馆的礼堂里，有位名叫巴金的青年也在现场，他后来也写了一篇回忆录《永远不能忘记的事情》，在他的记忆里看到了这样的画面——

（PPT课件出示资料：一个秃顶的老人刚走进来站了一下，忽然埋下头低声哭了。另一个十三四岁的女孩子已经走出了灵堂，却还把头伸进帷幔里面来，红着眼圈哀求道："让我再看一下吧，这是最后的一次了。"）

师：同学们，从这些字里行间，你读出一个怎样的伯父？

生1：伯父很受人们敬重。

生2：大家都很怀念伯父。

生3：伯父去世了，人们非常伤心，说明伯父是一个受人尊敬的人。

（学生板书：受人尊敬）

师：就是这样一个受人尊敬、关心后辈、爱憎分明的人，他就是——

（师指向课题，学生齐读课题）

点评：在这个部分的教学中，教师引导学生抓住了课文中的关键语句，对伯父——鲁迅先生有了更多的认识，通过课文中的细节描写，感受到伯父是这样一个活生生的人，是会笑的伯父、有温度的伯父，而不只是冷冰冰的高高在上的文坛巨匠。通过课外资料与课文内容的对比阅读，让学生更加全面地认识到原来鲁迅先生是这样一个"为别人想得多，为自己想得少的人"。

## 六、补充资料，拓展延读

师：鲁迅先生的作品很伟大，而他的人格比他的作品更伟大。他的人格力量还体现在了他的语言中，所以人们至今记得他的每一句话。

（PPT课件出示鲁迅的名言："横眉冷对千夫指，俯首甘为孺子牛。""无情未必真豪杰，怜子如何不丈夫。""时间就像海绵里的水，只要愿挤，总还是有的。""其实地上本没有路，走的人多了，也便成了路。""哪里有天才，我是把别人喝咖啡的工夫都用在工作上。"）

（学生分组读句子）

师：巴金这样说——

（PPT课件出示"这个老人的逝世使我们失去了一位伟大的导师，青年失去了一个爱护他们的知己朋友，中国人民失去了一个代他们说话的人，中华民族解放运动失去了一个英勇的战士。"）

（师读句子）

师：著名诗人臧克家这样说——

（PPT课件出示"有的人活着，他已经死了；有的人死了，他还活着。"）

（全班齐读）

💬 **伙伴的话** ●━━━━━━━

在这节课中，洪辉老师紧扣课文阅读提示"结合资料，体会人物形象"，带领学生在课内外的文本中穿梭，将一个饱满的、温情的伯父，将一个勇敢无畏、"为别人想得多，为自己想得少"的鲁迅，将一个人们不忍离别的先生带到了课堂上。

## 罗老师的话

　　文中的六件事从不同的角度写鲁迅，给文章进行分类提炼小标题既能提升学生的思考能力，也为单元习作写一个人时如何选材做铺垫。在执教过程中，教师围绕单元语文要素和课文阅读提示，用拟定小标题的方式梳理课文结构，抓住课文中的关键语句、结合课内外资料，从多方面多角度体会人物形象，让学生对鲁迅先生的认知从陌生的高高在上的伟人到我们熟悉的微笑的伯父。从单篇的课文阅读到多篇的群文阅读，进而到整本书阅读、延展性的阅读，才能真正开启学生从文本到人的阅读旅程。在这样的阅读过程中，鲁迅先生的形象才能逐渐为更多的学生认识和接受并由衷地敬仰和喜爱，而人物主题单元的教学才能完成它的课程使命和未来期待。

# 《有的人——纪念鲁迅有感》教学实录及点评

石林彝族自治县鹿阜小学　李志棚

**个人简介**

　　**李志棚**，一级教师，昆明市骨干教师，昆明市第五届罗蓉名师工作室成员，任教于石林彝族自治县鹿阜小学。执教的课曾获昆明市"一师一优课"市级优课、昆明市阅读教学竞赛一等奖，多篇论文、教学设计在省市竞赛中获奖，曾被评为昆明市"优秀德育工作者"、石林县"优秀教育工作者"、石林县"优秀教师"。

## 一、激发兴趣，导入新课

　　师：同学们，通过前面几课的学习，鲁迅对于我们来说并不陌生了。谁能说一说现在你对鲁迅了解多少？

　　生1：鲁迅原名周树人，是伟大的文学家、思想家、革命家。

　　生2：他是中国现代文学的奠基人。

　　生3：他的作品有《呐喊》《野草》《朝花夕拾》《狂人日记》等。

　　生4：他是一个为自己想得少，为别人想得多的人。

　　师：看来大家对鲁迅已经有了初步了解。这节课，我们继续走进鲁迅单元的最后一篇课文《有的人》。

　　（引出课题，板书）

　　师：这首现代诗是著名诗人臧克家先生在1949年参加完鲁迅先生逝世十三周年纪念活动以后写下的，所以它还有一个副标题"纪念鲁迅有感"。请同学们齐读课题。

生：齐读。

师：同时，这也是一篇自读课文，请同学们先自己读读阅读提示。

师：谁来说说阅读提示中对我们这节课的学习要求是什么？

生：有感情地读一读，结合本单元的课文和查找的资料，说说鲁迅是一个怎样的人。

**点评**：在关联本单元的学习内容，在初步感知鲁迅的基础上了解写作背景，明确本篇自读课文的学习目标。

## 二、引导朗读，初悟诗情

师：我们现在就从有感情朗读这一要求开始，自己读一读这首诗吧！

（出示要求：自由读课文，要求读准确，读流利，试着读出感情）

生：自由朗读。

师：哪位同学想来展示一下他的朗读？

（指名读，如果有错误，请其他同学纠正，教师给出评价）

师：诗歌像音乐一样，有一定的节奏。读诗时讲究轻重缓急、抑扬顿挫。谁再来？

（再次指名读）

师：本诗写了两类人，是哪两类人？

生1：一类是压迫人民的人，一类是造福人民的人。

生2：一类是指反动派，剥削压迫人民的人，一类是指像鲁迅这样的服务人民、造福人民的人。

师：对这两类人，作者表达的感情是一样的吗？

生：不一样，对压迫人民的人是批判的，对造福人民的人是歌颂、赞美的。

师：那么，我们读的时候，也要把这两种感情读出来。带上情感，自己试着读一读。

生：自由练读。

师：谁来试试？

（再次指名读）

师：我们像他一样带上情感一起来读一读。

生：齐读。

**点评**：初读诗文，在读通读顺的基础上，了解作者对文中两类人表达出的不同情感，试着在朗读中融入情感，为后面鲁迅精神的感悟做好铺垫。

### 三、了解写法，深入理解

师：这首诗除了富有节奏、语言简练、能强烈地表达作者的感情以外，写作手法也很有特点，请同学们再默读这首诗，看看你能发现些什么。

（学生默读）

生：这首诗的每一节都把不同的两种人放在一起进行对比。

师：作者这样写有什么用意吗？

生1：让好人在大家心中变得更好，坏人在大家心中变得更坏。

生2：让鲁迅的形象在人民的心目中更加高大。

师：是的，更加突出了鲁迅的精神。还发现了什么特点？

生：我发现这首诗前面二、三、四节写的是两种人对人民的态度，后面的五、六、七节是写人民对这两种人的态度。

师：也就是说，这首诗前面二、三、四节和后面的五、六、七节是相对应的。这是一个了不起的发现。

生：我还发现，这首诗是按"总—分"的结构写的。

师：同学们，你们能把这些发现用朗读的形式表现出来吗？

生：能。

师：来，一起读一读。

（学生齐读）

**点评**：了解本诗的结构特点，让学生认识到正是这些独特写作方法的运用，使诗歌所表现的批判与赞美两种情感淋漓尽致地表达了出来，给读者带来了深深的震撼。在品读欣赏的过程中，让学生领略诗歌的魅力。

### 四、寻找身影，感悟精神

师：同学们，这首诗虽然是臧克家为纪念鲁迅所写，可是诗中却没有一个地方有鲁迅的名字。但是我们相信，诗中虽然没有鲁迅的名字，但是一定有鲁迅的影子。请同学们结合本单元的课文和查找的资料，说说你从哪句诗中找到了鲁迅的影子。

（学生读诗，结合本单元的课文和查找的资料寻找有鲁迅影子的诗句）

生：我从"有的人/俯下身子给人民当牛马"中看到了鲁迅的影子。

师：理由呢？

生：因为这句诗让我联想到26课《我的伯父鲁迅先生》中鲁迅跪着给黄包车车夫包扎脚的场景。

生：老师，我也从这句诗中看到了鲁迅的影子，但是我联系的是鲁迅的名言"横眉冷对千夫指，俯首甘为孺子牛"。

师：你看到了一个怎样的鲁迅？

生：我看到一个一心为别人着想的鲁迅。

师："别人"指的是什么样的人？

生：劳动人民，普通百姓。

师：把你的话补充完整。

生：我看到一个一心为劳动人民着想的鲁迅。

师：这样就完整啦。能带上你们对鲁迅的了解再来读读这一节吗？

生：能。

（学生朗读，教师实时指导）

师：还从哪些句子中也能看到鲁迅的影子？

生：我由"他活着为了多数人更好地活"这句诗联想到26课中的句子"他为自己想得少，为别人想得多"。

师：是的，鲁迅就是这样一个人。因此，在他逝世后却还有很多人记着他，也有很多人写文章纪念他。

师：叶圣陶说……

生：（齐读）他的精神是超乎慈祥的。他伟大，他坚强！

师：老舍说……

生：（齐读）他有颗纯洁的心，能接近青年。

生：老师，我还从"有的人/情愿作野草，等着地下的火烧"看到了鲁迅的影子，因为他的作品中有一部叫《野草》，我们上一篇课文《好的故事》就选自这本散文诗集。

师：是的，鲁迅在他的散文诗集《野草》中这样说过："我自爱我的野草，但我憎恶这以野草作装饰的地面。地火在地下运行，奔突；熔岩一旦喷出，将烧尽一切野草，以及乔木，于是并且无可朽腐。"在这本散文诗集中，鲁迅先生强烈地抨击当时的黑暗社会，表现了愿把自己的一切贡献给革命事业的愿望。

师：同学们，文章读到这儿，你对鲁迅又有了怎样的认识呢？

生1：鲁迅是一个一心为穷苦百姓着想的人，他关心着百姓的生活，想让他们脱离苦难。

生2：我觉得鲁迅是一个不畏强暴、敢于用自己的文章和社会黑暗势力作斗争的人。

生3：我觉得正因为他为百姓着想，所以他也是一个受人们深深爱戴的人。

师：是的，同学们，鲁迅虽然死了，但他的精神将永远活在我们的心中！让我们带上对他的认识，再来齐声朗诵这首诗。

生：齐读。

**点评：**引导学生结合本单元的课文和课外搜集的资料，在诗中寻找鲁迅的影子，进一步深入地去感悟鲁迅身上的孺子牛、与黑暗势力作斗争、关心他人等精神。

## 五、总结延伸，升华情感

师：同学们，鲁迅是我国伟大的文学家、思想家、革命家，也是我国现代文学的奠基人。鲁迅留给我们的宝贵精神财富仅仅通过少许的几篇课文汲取是有限的。今后我们可以读读他的《朝花夕拾》《故乡》《野草》等文集，从他的作品中获得更多的精神财富！

师：这节课我们就上到这儿，下课！

💬 **伙伴的话**

《有的人》是"鲁迅单元"里最后一篇课文。李老师围绕单元语文要素，借助前面三篇课文以及其他关于鲁迅的资料，从"阅读提示"入手，明确目标后，在读出感情的基础上，让学生进一步走近鲁迅、了解鲁迅。在这一过程中，既抓住了诗歌的特点，又注重了朗读的指导，还感悟了鲁迅的精神。

## 罗老师的话

"鲁迅是一个怎样的人？"是《有的人》这篇课文要引导学生了解的主要核心问题。围绕这一问题，教师在课堂上通过关联前文、品读诗文、补充资料、感悟精神几个层次，逐层引导学生走近鲁迅、感悟鲁迅的精神品质，使学生的学习层层深入。关注语用的同时，也让学生的人文素养在了解鲁迅的过程中得以提升，让学生的学习在课堂真实地发生。

# 《有你，真好》课堂实录及点评

云师大附属世纪金源学校　雷琳

**个人简介**

雷琳，中小学高级教师，昆明教学名师，昆明市语文学科带头人，罗蓉名师工作室跟班学员，曾获云南省"优秀少先队辅导员"称号，被评为云师大"三育人"先进个人及优秀共产党员，多次荣获校级"优秀教师""优秀班主任"称号。从教二十余年一直担任语文教学工作，深受学生喜爱。教学之余，能分析教学中的得与失，撰写的多篇论文在各级各类杂志上发表。参加省级、市级课堂教学竞赛，成绩优异，曾获"一师一优课"部级优课名师、云南省"一师一优课"省级优课名师。

## 一、回忆筛选，打开思路

师："有你，真好"是一句让人感到温暖的话。凝视着它，那人，那事，那场景……就会慢慢浮现在眼前。看到这句话，你想到了谁？

生1：我想到了我的妈妈。

生2：我想到了老师。

生3：我想到了清洁工。

生4：我想到了警察叔叔。

师：这个"你"可以是我们熟悉的人，也可以是陌生人，或者是我们通过其他方式了解到的人。接下来，就请把你想到的这个人填写到思维导图里吧。

（学生填写，教师巡视）

**点评**：本次习作的题目是"有你，真好"。这是一个选材范围很广的题目，其中的"你"是这次习作的对象，学生通过回忆、筛选，把自己脑海中印象最深刻的"你"定格，唤起其内在的情感。

师：大家都已经填完了，那么你为什么觉得有他（她）"真好"？

生：我觉得有我的妈妈真好，因为妈妈每天都做饭给我吃。

师：那有没有哪件事是让你感触比较深的呢？你能简单地说一下吗？

生：有一次，半夜我发烧了，妈妈赶紧带我去医院，带我看病、输液，后来我睡着了，妈妈一整晚都守着我输液。

师：半夜发烧，妈妈着急地带你去医院并陪伴你输液的事，你感受到了妈妈对你的爱。其他同学呢？

生：我的好朋友，我们每周末都在一起玩，有一次，我俩玩"鬼抓人"游戏，结果他跑的时候转过头来看我，没有注意脚下，一下踩滑，摔了一个"狗啃泥"，太搞笑了！

师：看来你和好朋友在一起非常地——

生：开心、快乐。

生：我要说交警叔叔，每天早上妈妈送我上学，都能看到交警叔叔在路中间指挥车辆通行。过年的时候，我和爸爸妈妈在奶奶家吃饭，晚上很晚了才回家，结果交警叔叔已经在路上开始查酒驾了，他们真的太辛苦了。我觉得应该感谢和敬佩他们。

师：你真是个会用心观察生活的孩子，是交警叔叔为我们带来了有序的交通，带来了安全和方便。

师：请同学们把你们刚刚想到的事件和情感填到思维导图中吧。

**点评**：写好本次习作，关键是要帮助学生打开选材的思路，捕捉典型事例中的具体场景，并将情感抒发融入具体场景的描述中。

## 二、聚焦人物，细化选材

师：请你在自己填写的思维导图中，选择一个你最想写的人物及事件，回忆当时的场景是怎样的，参照我们学过的《少年闰土》的示范，将表格填写完整。

师：大家在写场景的时候，不用把事情写得很详细，只需要把事情简单地写下来就可以了。

（学生填写表格，教师巡视）

**点评**：帮助学生锁定习作对象，确定习作内容，利用学过的课文建立阅读与习作的连接，引导学生细化选材。

## 三、回顾课文，迁移写法

师：今天，我们学习的习作是写人的，本学期，我们学过很多写人的文章，回忆一下，这些文章都是如何写出人物的特点和作者的情感的？

生：在我们学过的《我的伯父鲁迅先生》一文中，作者在写笑谈"碰壁"这个故事时，用了很多人物的语言和动作描写，让我们感受到了鲁迅先生对敌人的憎恶之情。

师：非常好，你找到了人物的语言和动作描写，能够突出人物的特点。

（相机板书）

生：还有鲁迅先生救助车夫的故事，既有人物的动作和神态描写，又有对环境的描写："有一天黄昏，呼呼的北风怒号着，天色十分阴暗。街上的人都匆匆忙忙赶着回家。"环境描写也能表达我们的情感。

师：你真厉害，不但找到了人物的动作和神态描写，还发现了文中的环境描写。这里的北风怒号、天色阴暗是为了渲染气氛，推动故事情节的发展，为后文车夫受伤做铺垫，也能够更好地突出鲁迅先生对人民的同情。

（相机板书）

生：在《少年闰土》中的第4自然段中，有对闰土的外貌描写，让我们读起来脑海中就浮现出了闰土的形象。

师：是的，外貌描写能够很好地突出人物特点，不但写出了闰土的长相，还塑造出了他健康朴实的形象。

（相机板书）

师：看来大家都把课文中的人物描写方法记在大脑里了。大家还记得什么？写人一定离不开——

生：叙事。

师：是的，事都在一定的场景中发生。要想把事情写得具体、生动，将笔下的人物写活，就要抓住典型的事例，并牢牢把握住人物外貌、神态、语言、动作、心理等描写，以及环境的刻画，这样才能更好地突出人物品质，表达自己对习作中"你"的情感态度，在字里行间中凸显出"有你，真好"。

**点评**：写人离不开叙事，事都在一定的场景中发生。要想把事情写得具体、生动，就要抓住典型的事例，并通过人物的细节描写，以及环境的刻画，突出人物品质，继而表达自己的情感。在本环节中，教师带领学生回忆学过的写人的课文，总结写人的方法，并迁移运用到自己的习作中。

## 四、尝试写作，修改互评

师：接下来，请大家拿起笔，将自己印象最深刻的一个场景描述出来，注意使用第二人称，不仅要把事情写具体，还要表达出自己的真挚情感。

（生动笔写其中一个场景，师巡视检查）

师：写完的同学读一读自己的习作，按要求动笔改一改。

（课件出示习作要求）

生自读习作，根据习作要求进行修改。

修改要求：①是否使用第二人称"你"；②是否有人物语言、神态、动作、心理活动等细节描写，最好有环境描写；③是否写出了这个人的"好"。

（学生修改，教师巡视指导）

**点评**：这篇习作与以往的习作有些不同，要使用第二人称"你"，全文是向"你"倾诉自己的情感。习作第一评就是要让学生明确本次习作的不同之处。

师：我看到很多同学自读自改已经完成了，那么接下来和你的同桌交换读，并且按刚刚的修改要求对你同桌的习作进行批改，看看谁能获得三星习作！

（课件出示习作批改要求，同桌根据要求互评习作）

三星习作评定要求：①是否使用第二人称"你"；②是否有人物语言、神态、动作、心理活动等细节描写，并加入一定的环境描写；③是否写出了这个人的"好"。

**点评**：好文章是改出来的！只有多读多写多改，才能写好作文。同学之间互相交流，不但能够帮助对方修改作文，还能让自己从中学到习作的方法和技巧。同时，教师要注重对学生存在的共性问题进行详细讲解，以帮助学生能够及时解决问题。

## 五、交流汇报，当堂评议

师：小评委们评改得非常认真，现在请大家向我们推荐一下你的同桌的优秀习作，大家一起评一评，议一议。由于时间关系，我们只分享两位同学的。

生：那是大年初一的晚上，当时已经是10点半了，我和爸爸妈妈从奶奶家出来，爸爸开车带着我们回家。可是才走到门口的第二个红绿灯，就堵车了。我好奇地从窗户看过去，想知道是什么原因导致堵车了，可是离得太远了，我没看到。汽车像蜗牛一样往前挪动，终于到了路口，我看到原来是两个交警叔叔在查酒驾，只见他们拿着测酒驾的仪器让司机吹气，爸爸也很快地吹了一口，仪器显示一切正常。结束后，交警叔叔还客气地说了一声："感谢您的配合。"

师：谁愿意来评一评？

生：他用到了人物的动作、语言描写，事情也写得很详细。

师：有没有什么地方需要修改的呢？

生：如果在后面加上自己的感受会更好。

师：是的，缺少了自己的情感表达，如果加上去，便能够引发读者的共鸣。

师：还有没有人发现他这篇习作当中最大的一个问题是什么？

生：我知道了，我知道了。这篇习作的题目就叫作"有你，真好"，老师一遍一遍强调要用第二人称"你"，所以我们写作文的时候，跟以往不一样，而是要想象你写的人就在你面前，你向他倾诉一样。

师：这么大的秘密都被你发现了，你是一个很会学习的孩子。看来我们刚刚在同桌评改的时候都没有发现这个问题。这篇习作应该怎么修改呢？

（实物投影出示该生习作）

师：我想请作者自己按刚刚的建议改一改。你的习作是描写交警叔叔的，请想象我就是交警叔叔，我站在你的面前，你的话是对我说的。

生：那是大年初一的晚上，当时已经是10点半了，我和爸爸妈妈从奶奶家出来，爸爸开车带着我们回家。可是才走到门口的第二个红绿灯，就堵车了。

师：嗯，这个部分叙述自己身上发生的事情，把它讲清楚，没问题。

生：我好奇地从窗户看过去，想知道是什么原因导致堵车了，可是离得太远了，我没看到。汽车像蜗牛一样往前挪动，终于到了路口，我看到原来是两个交警叔叔……

师：谁？（指着自己）你不是在对我说吗？直接对我讲！

生：（恍然大悟）我看到原来是你们在查酒驾，只见你拿着测酒驾的仪器让司机吹气，爸爸也很快地吹了一口，仪器显示一切正常。结束后，你还客气地对我爸爸说了一声："感谢您的配合。"

师：这样改就对了。再读读自己的习作，看看是不是都在和你想倾诉的人聊天、谈话，一定要变成第二人称"你"哟！

（生再读再改，注意自己的第二人称表达方式）

**点评**：习作第二人称的表达方式果然是学生特别不习惯的。但课堂当中的生成是宝贵的。教师顺势而导，用学生自己的修改做了最好的示范。

师：我再请一个同学来分享一下。

生：爸爸，我亲爱的爸爸，你经常板着一张脸，我一做错事了就狠狠地批评我，但是我取得了成绩却没有见你对我露出过笑容，我简直怀疑你是不是都看不到我的努力，或者就只认为我太糟糕了，就会给你丢脸。

可是，你知道吗？那一次期末考彻底改变了我对你的看法。

那一次，我的语文才考了86分，虽然题有点儿难，但是我没有细心审题，没有考好。开家长会那一天，我害怕极了，我怕你看到成绩又要批评我。开完家长会，我眼睁睁地看到你被班主任叫走了。

十分钟后，你出来了，我害怕地低着头，以为即将迎来一顿狠狠的责骂，结果你却说："老师说，这次考试有点儿难，全班最高分也才91.5分，而且最近你参加了学校的鼓号队，每天早上7点就到校训练，从来没有迟到过，非常积极认真，所以能考86分也还是不错的，不过以后还要加油，你能考得更好的。"我抬起头来，结果意外地发现了你的嘴角有一丝微笑。你居然没有生气，还给了我鼓励，我高兴地点了点头，说："嗯，我会加油的！"

师：大家评一评吧！

生1：他的事情记叙得很详细，也用到了人物的语言、神态描写。

生2：可以在等待爸爸从班主任那里回来的过程中加上自己的心理描写。

师：这是一个好想法。

生："我抬起头来"那里可以加上一个"不可置信"，写出"我"的意外和不相信。

师：这个词用得很准确。

师：由于时间关系，我们就不请剩下的同学再来分享了，大家可以下课后再把习作写完整，按照课堂上领悟的内容再丰富，再修改，再完善！

### 💬 伙伴的话

《有你，真好》是"鲁迅单元"的习作内容。本次习作是让学生选择一个人，向他（她）倾吐自己的心声，表达自己对这个人的情感。雷老师在教学时围绕单元语文要素"选择一个人，向他倾吐自己的心声"进行教学。习作伊始，老师帮助学生打开选材的思路，捕捉典型事例中的具体场景，并将情感抒发融入其中。然后，迁移课文中学到的表达方法用于习作。最后，引导学生按要求自己修改习作，同桌间互评，课堂上展示交流。整个教学过程聚焦场景描写，重方法指导以及评改指导，让学生真正学有所得。

### 👤 罗老师的话

当前的习作教学存在"重指导轻评改，顾全面少聚焦，贴标签少策略"的问题。在本课教学中，教师大胆尝试，有以下几个方面的突破：首先，授课教师不求多求全，合理取舍教学内容，将重点放在了印象最深的"你"的典型事例的描写上，并注意整合单元的教学资源，利用课文中习得的表达方法指导习作，做到了教学内容有主次。其次，学生初步完成了事例描写之后，给出具体的要求，让学生根据要求自行修改习作，并让同桌间依据标准互评互议，做到了评价目标有聚焦。最后，以当堂交流的形式对学生的习作进行评改议，做到了修改方法有示范。